HUMAN RIGHTS
A Very Short Introduction
2nd Edition

U0116564

人權
簡論

第二版

Andrew Clapham

［英］安德魯·克拉彭 著

張偉 李冰清 譯

目錄

前言

　　本書旨在為讀者提供一些了解人權思想、人權行動主義和人權法律的切入點。本書著重強調了動員人們反對不公正和侮辱的思想力量。人權並不能真正解決相互競爭的利益和關於世界應該如何發展的各種看法之間的緊張關係；相反，人權思想提供了一種表達手段，用於討論哪些利益應佔主導地位，以及如何創造條件來限制對尊嚴的侵犯。

　　實際上，本書側重於介紹一些權利的內容，而非簡單地講述革命、宣言和持續鬥爭的人權故事。呼籲建立一個基於尊重人權的世界很容易；調整現有的安排以實現對人權的充分尊重是一個永無止境的過程，當我們慮及人權不僅僅是一種理想，而且實際上包括生命權、自由權、平等權、言論自由權、隱私權、健康權、食物權和住房權這些具體權利的時候，充分尊重人權的實現甚至會更加困難。人權關乎我們每個人都有尊嚴地生活，但是在全球範圍內實現該目標還有很長的路要走。我們將要看到，人權項目不僅是履行歷史上確定下來的一系列義務；相反，人權運動是人們挺身而出反對不公正，並在壓迫面前表現出的團結精神。

　　為使讀者們能夠找到本書中提及的一些文本和組織，我們提供了配套的二維碼，請讀者掃描下方二維碼，大多數參考資料的全文可以在該二維碼所對應的鏈接上找到。

致謝

我要感謝所有為完成該項目而付出巨大努力的牛津大學出版社的工作人員。特別感謝艾瑪・馬（Emma Ma）、安德里亞・基岡（Andrea Keegan）、珍妮・努吉（Jenny Nugee）、莫哈娜・安納馬萊（Mohana Annamalai）、喬伊・梅勒（Joy Mellor）、魯比・康斯特布林（Ruby Constable）和蘇菲・巴西列維奇（Sophie Basilevitch）以及匿名評論者，他們非常有用的評論有助於本書的完善。

在日內瓦國際與發展研究院和日內瓦國際人道主義法與人權研究院，我很幸運地遇到了一批批優秀的研究生，他們提出了尖銳的問題，使我保持警覺。我要感謝瓦納・伊赫姆（Oana Ichim）對案例撰寫所提供的幫助，也非常感謝伊利亞斯・西亞提卡（Ilia Siatitsa）在文本寫作和準備發佈在配套網站上的文件方面所做的辛勤工作。

最後，請允許我向我的兩位家人表示感謝：我的母親瑪格麗特・克拉彭（Margaret Clapham），她提供了首屈一指的文章修改服務，滋養了我的寫作過程；還有我的妻子蒙娜‧里什瑪維（Mona Rishmawi），她自己為人權所做的工作每天都在提醒我們，人權故事不僅關乎過去的文本，也是關於每天面對的歧視、壓迫和暴行的鬥爭。

安德魯‧克拉彭

國際關係及發展高等研究院

日內瓦

第一章

探索權利

1

在當今世界，一個社會問題被表述為"人權問題"是常有的事。本書探討人權的概念從何而來，以及人權運動是如何發展出了一系列世界範圍內普遍適用的義務。我們將探討人權概念的嬗變軌跡，以及人權在當今世界所起的作用（將來還有可能起到的作用）。

目前，不同的人用不同的方式看待人權。對一些人而言，援引人權是一種發自內心、合乎道義的要求，以便糾正各種不公。而對其他人來講，人權不過是一個被懷疑，甚至是敵視的口號。律師們有時認為，人權差不多等同於一種藝術辭令，僅僅代表那些已經或者可能被國內或國際法院確認為合法權利的主張。然而，對人權法的適用總是存在爭議，爭端雙方都要求適用對自己有利的人權法規則。人權法之所以特殊且廣受歡迎，是因為它經常暗示其他法律是不充分的或以不公正的方式被適用。人權語言經常被用以批評、捍衛和改進各種行為。人權有著反對壓迫的傑出鬥爭和對更公平未來的承諾的血統。在當代決策中，打"人權牌"會很有說服力，有時甚至能起到決定性的作用。這正是人權的道德力量如此引人注目的一個方面——人權幫助你贏得辯論，有時

圖 1　2006 年 5 月 14 日《星期日電訊報》的標題：將《人權法案》稱為"恐怖分子和流氓的避難所"。

還改變做事的方式。

　　不同的人對"人權文化"概念的理解各不相同。一些人認為，它意味著確保每個人固有的尊嚴和人性價值得到尊重。而其他人則認為，它意味著法官、警察和移民官員甚至需要以犧牲人民的安全為代價，去保護恐怖分子、罪犯和移民的利益（詳見圖 1）。這種緊張關係在一些國家發展到了頂峰，包括英國在內，大眾報紙嘲笑人權立法的適用（詳見專欄 1），組織開展反對"外國法官"作用的運動。

　　有時，人權保護似乎確實看起來是反對多數主義的；為什麼由法官或國際機構來決定什麼是最有利於社會發展，尤其是當民選代表已經選擇了一條特定的道路時？但問題是，人權可能有助於保護人們免受"多數人的暴政"。然而，人權法不應被視為阻撓大多數人願望的簡單手段，因為除了絕對禁止酷刑之外，人權法實際上確實考慮到在民主社會中需要予以考慮的安全需求和其他人的權利。這一難題沒有簡單的答案，即為什麼法官在面對民主決策時應該有權維護人權。不同的社會會選擇不同的安排，有些會將更多的權力賦予法官。這些安排可能會隨著時間的推移而改變——不存在完美的平衡；也沒有完美的法官。有時，有些人可能認為，法官能夠約束一個無理踐踏人權的政府，但其他人可能會認為，同樣的判決是在維護財產所有者或僱主的權利，而犧牲了受歡迎的立法機構被授權保護的弱勢工人或種族群體的權利。討論權利是討論我們想要什麼樣的社會的一種方式。表達和資訊自由權有助於確保我們享有充分的民主決策權，也可用於挑戰由此產生的立法。那些主張權利的人實際上是否正確，我們只能結合具體情況予以判斷。因此，讓我們試著更具體一點。

專欄 1

人權與英國的反彈

克里斯·格雷林議員（Chris Grayling MP）在《每日郵報》（*Daily Mail*, 2014）中寫道，"我們必須從歐洲法官手中奪取權力，讓人權一詞回歸其本意——反對壓迫和暴行的象徵"。

"允許囚犯接受人工授精，以保護他們的家庭權利，允許我們監獄裏的囚犯投票，不給最殘忍的殺人犯判處終身監禁，不對恐怖分子予以驅逐出境——這是歐洲人權法院近些年來做出的一些決定——而且僅有一票之差，美國式的電視政治廣告就被允許了。

"這些都不是偉大的人權原則。它們是由法院做出的決定，該法院由完全不具備法律資格的人組成，將最初的歐洲公約視為"活的文書"，隨著歲月的流逝而被重寫。所有這些都應該由我們的議會決定，而不是由法院決定。但現在不是這樣。

"很簡單，這不是我們簽署的。因此，下一屆保守黨政府將徹底地解決這個問題。

"我們不會背棄人權原則。但我們將非常明確地主張，我們是一個主權國家，會最好地保障人權，關於我們國家的決定應該由我們的議會做出。"

蘇珊·馬克斯（Susan Marks）（2014），《反挫——誰與人權為敵》（*Backlash: The Undeclared War against Human Rights*）

"法魯迪（Faludi）在她對美國婦女權利的強烈反對的敘述中描繪了同樣的反應性攻擊。現在，人權運動的成果（同樣有限的）正在被逆轉。在我們的例子中，同樣地，人權被指責製造了它們聲稱要補救的狀況，即屈從、不安全和不自由。'不宣而戰'或隱蔽的'戰爭'也有同樣的含義。正如他們所說，這些批評者並不是要摧毀人權：相反，面對一場致力於概念膨脹和機構擴張的人權運動的侵襲，他們是人權和基本自由的真正捍衛者。"

我們首先需要理解，人權是一種特殊的、狹義的權利。威廉・艾德蒙森（William Edmundson）關於權利的介紹性書籍將人權與其他權利區分開來："人權承認極其特殊的基本利益，這使人權與一般權利，甚至道德權利有所不同。"理查・福爾克（Richard Falk）認為，人權是一種"新型的權利"，1948 年聯合國通過《世界人權宣言》後，這種權利變得更加突出。這一點值得在本書中牢記：我們討論的不是人類可能擁有的所有權利——而是一類相當特殊的權利類別。第二次世界大戰（以下簡稱"二戰"）後，人權被提升到國際層面，這意味著不僅可以根據國家法律的要求，而且可以根據國家制度之外的標準來對行為做出判斷。現在，每個民族國家都受到這種來自外部的監督。

許多研究人權問題的人求助於早期的宗教和哲學著作。在他們的人權觀中，人類因其具有人性而被賦予某些基本的和不可剝奪的權利。這個結論在不同的社會中以不同的形式存在。人權概念的歷史發展也常常與西方哲學和政治原則的演變有關；然而，在儒家、印度教或佛教傳統中可以從不同的角度找到關於大眾教育、自我實現、尊重他人，以及促進他人福祉的類似原則。諸如《聖經》和《古蘭經》（Koran，又譯"可蘭經"）這樣的宗教經典可被解讀為既創設了義務，也創造了權利。從古巴比倫的《漢謨拉比法典》（Hammurabi's Code）（約西元前 1780 年）一直到建立在希臘斯多葛學派和羅馬萬民法概念（jus gentium）（即適用於所有民族的法律）基礎上的西方自然法傳統，一些最早的法典都間接提到需要保護人類自由和人格尊嚴。這些規則的共同點在於對某些普遍有效的原則和行為標準的認可。可以說，這些行為標準激發了對人權的思考，並且可以被視作人權概念的前身或不同表現形式——儘管這種聯繫並不像人們有時認為的那樣明顯。現在讓我們看看早期歷史上對“權利”這一概念（相對於體面的行為）的援引，以及由此引發的質疑。

人之權利及其缺憾

西方對人權傳統的標準解釋存在問題。據稱，人權領域的早期法律發展始於 1215 年《大憲章》（*Magna Carta*），這是英國國王約翰與對國王徵稅不滿的貴族之間訂立的一份協議。但是，儘管該協議保證了自由民“非經同伴和法律的合法判斷，不得遭受拘捕，或不被監禁，或不被剝奪自由，或不被放逐，或不被以任何方式騷擾……”，這項保證只是單獨賦予財產所有人接受陪審團審判的權利。《大憲章》所載權利是政治安排的一部分，旨在鞏固被統治者的自由並限制政府的權力。按照今天對“人權”一詞的理解，人權屬於所有人，因此不能僅限於某個特權群體。按照當代的觀點，《大憲章》實際上不能被視為人權宣言的典範。下面這一句話就足以表明，《大憲章》第 54 條規定：“任何人不得因一名婦女就其丈夫以外的任何人的死亡提出的申訴而遭到逮捕或監禁。"

同樣，1689年《英國權利法案》（*English Bill of Rights*）（以下簡稱《權利法案》）有時也被視為當今法律文本的基礎。它宣佈"不應要求過多的保釋金，不應強課過多的罰款，更不應濫施殘酷和不尋常的刑罰"。但是，它也指出，"凡臣民係新教徒者，為防衛起見，得酌量情形，並在法律許可範圍內，置備武器"。《權利法案》由議會制定，作為體現詹姆斯二世國王（他被認為改變了國家的性質，對天主教過於寬容）的思想和政策的《權利宣言》，被提交給即將上任的聯合君主威廉和瑪麗，作為他們繼承王位的條件，以維護"古老的權利和自由"，保護言論自由，限制君主對議會和選舉的干預。

與此同時，許多哲學家的著作對通過"自然權利"或"人類權利"表達訴求的方式產生了非常具體的影響。約翰·洛克（John Locke）於1690年出版的《政府論（下篇）》（*Second Treatise of Government*）主張，處於"自然狀態"中的人享有"自由狀態"，但這並不是"放縱狀態"。洛克推論說，每個人"都有義務保護自己"，因此，在保護自己不成問題的前提下，每個人都應該"盡其所能……保護好其他人"，並且任何人不得"剝奪或傷害他人的生命，或有助於保護他人的生命、自由、健康、肢體，或財產"。通過這種方式，"人們就不會侵犯他人的權利，也不會相互傷害"。洛克將公民政府看作是人們作為自己的法官來執行自然法的補救措施。他認為，只要政府尊重契約對它的信任，這個自由簽訂的社會契約就授權政府執行法律。如果人民的"生命、自由和財產"受制於政府的專制權力或絕對權力，那麼，根據洛克的觀點，政府的權力將被收回並交還給人民。

讓・雅克・盧梭（Jean-Jacques Rousseau）的《社會契約論》發展了這樣一種觀點，即每個人都可能擁有個別意志（volonté particulière），他的個人利益（intérêt particulier）"可能會與他作為公民的公意不同"。盧梭認為，"誰拒不服從公意，將由集體的力量迫使他服從，也就是說人們要迫使他獲得自由"。在他看來，"通過社會契約，人們失去的是其天然自由，以及他們願意拿什麼就拿什麼的絕對權利；而獲得的則是公民自由以及對自己所擁有的對一切財物的所有權。"《社會契約論》於 1762 年出版，是 1789 年法國大革命的前兆。而且，當人們試圖闡明統治者和被統治者的權利時，它所表達的思想在世界各地產生了相當重大的影響。

湯瑪斯・潘恩（Thomas Paine）是一位激進的英國作家，他參與了影響美國的革命。他於 1774 年移居美國，並於 1776 年發表了廣為人知的小冊子——《常識》（*Common Sense*），該書抨擊了君主統治的觀念，並呼籲建立共和政府，賦予公民平等權利。他還致力於 1776 年《賓夕法尼亞州憲法》的制定，並為該州奴隸制的廢除做出了貢獻。潘恩的著作《人的權利》（*Rights of Man*）於 1791 年出版。該書作為對艾德蒙‧伯克（Edmund Burke）《法國革命感言錄》（*Reflections on the Revolution in France*）的回應，為法國大革命辯護。潘恩廣受民眾歡迎（有人估計，各種版本的《人的權利》在兩年內售出了 25 萬冊）。但是，潘恩並不受政府歡迎，倫敦市政廳在他缺席的情況下判處其煽動誹謗罪。人們蜂擁而至，支持他的辯護律師，抗議對 "出版自由" 的踐踏。潘恩當時已經逃到了法國，並因捍衛革命而入選國民大會。但是後來他因為反對處決國王路易十六而激怒了雅各賓派，遭到了監禁。不過，他逃脫了死刑（根據一些記載，他能夠逃脫是因為粉筆標記做錯了，畫在了門的另一側了）。後來，他去了美國，於 1809 年不幸逝世。潘恩的著作至今依然能夠引起人們的共鳴，人們毫不費力就能在汽車保險杠貼紙和徽章上看到潘恩在《人的權利》一書中的格言："我的國家是世界，我的宗教是行善"。

潘恩的著作沒有明確指出什麼是真正的人的權利。他的權利理論建立在洛克和盧梭的基礎上，並據此得出結論認為，個人將其自然權利讓渡給 "社會共同體"，該共同體實施自然法則，並充當判斷自己行為的法官。他認為，"由個體自然權利的讓渡與聚合而產生的權力……不能被用來侵犯個體保留的自然權利"。閱讀潘恩的著作就會發現是什麼使人權成為一個經久不衰的概念。他對他人的痛苦感同身受：

　　鑒於人類固有的尊嚴，我在尋求榮耀與幸福時（因為並未被善待，所以需要苦苦求索），對通過武力和欺詐統治人類的行為感到憤怒，十分厭惡那些統治者，因為他們把人類當作無賴和傻瓜。

潘恩指責伯克一點兒也不同情那些在巴士底監獄遭受苦難的人，對"苦難的現實"無動於衷。我認為，從這一點可以發現人權運動的真正起因：對他人苦難的同情，以及因政府侵犯個人固有權利而產生的不公正感。

當然，其他哲學家也做出了貢獻，有助於我們在當下認識到尊重人類尊嚴的重要性。繼德國哲學家伊曼努爾·康德（Immanuel Kant）之後，他們試圖從絕對道德原則中推導出人權的邏輯，這些絕對道德原則產生於以下必備條件：第一，我們每個人都必須按照我們希望其他理性人遵循的原則行事；第二，一個人永遠不應被當作實現目的的手段，而應被視為目的本身。用現代哲學家阿蘭·格維斯（Alan Gewirth）的話來說，"絕對禁止代理人和機構貶低他人，把他們當作沒有權利或尊嚴的人對待"。這通常是權利理論的出發點，這些理論強調個人自主性和能動性的重要意義，要將它們當作根本價值加以保護。

因此，從傳統上講，人權的現代概念很容易追溯到 18 世紀末期的一些思想和文件。眾所周知，1776 年《美國獨立宣言》（*American Declaration of Independence*）寫道："我們認為下述真理是不言而喻的：人人生而平等，造物主賦予他們若干不可剝奪的權利，其中包括生命、自由和追求幸福的權利。"法國於 1789 年通過的《人權與公民權利宣言》（*Declaration of the Rights of Man and of the Citizen*）緊隨其後，它的前兩條廣為人知，承認並宣稱："人生來就是而且始終是自由的，在權利方面一律平等。一切政治結合均旨在保護人類自然和不可剝奪的權利。其中包括自由、財產、安全以及反抗壓迫。"它們提到的權利絕大多數仍然僅僅與其公民相關，而且只有特定群體可以從保障中獲益。這些革命性的宣言展現了將人權作為指導原則載入新國家或新政體憲法的嘗試。不過，它們提到的權利大多僅與這些國家的公民有關，而且只有特定群體才能從其保護中獲益。此類宣言的靈感來源於自由主義的社會觀念，以及對自然法、人類理性和普遍秩序的信仰。權利被（男性）認為是有理性選擇能力的人（一個排除女性的群體）的專有財產。奧蘭・德古熱（Olympe de Gouge）試圖〔向瑪麗・安托瓦內特皇后（Queen Marie Antoinette）請願〕宣傳《婦女權利宣言》（*Declaration of the Rights of Women*）以及規定財產和繼承權的"男女之間的社會契約"，卻未被理睬。在英格蘭，瑪麗・沃斯通克拉夫特（Mary Wollstonecraft）在《維護婦女權利》一書中呼籲法國修改憲法，尊重婦女的權利，主張男性不能自行決定什麼是對女性最好的（詳見圖 2）。對婦女權利的剝奪迫使婦女只能被困在自己的家庭裏，"在黑暗中摸索"（詳見專欄 2）。

瑪麗·沃斯通克拉夫特給塔萊蘭德·佩里戈爾（Talleyrand-Perigord）先生的獻詞（1792）

考慮到——我以立法者的身份發言——男人為爭取他們的自由而鬥爭，並被允許為自己的幸福做出判斷時，即使您堅定地相信您所採取的行動是最有利於促進她們的幸福，但您壓制婦女並讓她們屈從於您的做法不是前後矛盾和不公正的嗎？如果女人與男人共同享有理性的饋贈，那麼是誰讓男人成為唯一的法官呢？依此邏輯，各類獨裁統治者，從弱勢國王到弱勢家長，都渴望壓制理性，但是他們卻宣稱自己篡取王位是為了用它來造福人民。在您強迫所有婦女，否認她們的公民權利和政治權利以便讓她們受困於家庭之中，令她們在黑暗中摸索時，您難道沒有扮演同獨裁者相似的角色嗎？當然了，先生們，你們肯定不會斷言，不以理性為基礎的義務也有約束力吧？

Mary Wollstonecraft Godwin.

圖 2　瑪麗·沃斯通克拉夫特

卡爾・馬克思（Karl Marx）在回應賓夕法尼亞州和新罕布什爾州憲法以及法國《人權與公民權利宣言》中宣佈的權利時，嘲笑權利可能有助於建立一個新政治共同體的想法。在馬克思看來，這些權利強調的是個人的自我優越感，而不是將人類從宗教、財產和法律中解放出來。馬克思對未來社會有一個願景，在那裏所有需求都將得到滿足，在那裏沒有利益衝突，因此，也就不存在權利及其行使方面的問題了。馬克思還提醒人們注意，如果可以為了公共利益而限制權利的話，那麼政治生活的目的是保護權利這一聲明就非常令人費解了（詳見專欄 3）。

專欄 3

卡爾・馬克思關於猶太問題的論述

令人困惑不解的是，一個剛剛開始解放自己，掃除自己各成員之間的一切障礙，建立政治共同體的民族，竟莊嚴宣佈，同他人以及與共同體分隔開來的利己的人是有權利的（1789 年法國《人權與公民權利宣言》）。後來，當只有最英勇的獻身精神才能拯救民族，因而迫切需要這種獻身精神的時候，當犧牲市民社會的一切利益必將提上議事日程，利己主義必將作為一種罪行受到懲罰的時候，又再一次這樣明白宣告（1793 年《人權宣言》）。尤其令人困惑不解的是這樣一個事實：正如我們看到的，公民身份、政治共同體甚至都被那些謀求政治解放的人貶低為維護這些所謂人權的一種手段，因此，公民被宣佈為利己的人的奴僕；人作為社會存在物所處的領域被降到人作為單個存在物所處的領域之下；最後，不是身為公民的人，而是身為市民社會成員的人，才被視為本來意義上的人，真正的人。

19 世紀，自然權利或 "人的權利" 與政治變革的聯繫變得不那麼緊密了，傑瑞米・邊沁（Jeremy Bentham）等思想家嘲笑 "人人生而自由" 的說法，認為它們是 "荒謬而可悲的胡說八道"。邊沁對自然權利和不可剝奪的權利不屑一顧，認為這是 "站在高蹺上的胡言亂語"，宣稱想要某些東西與真正擁有是不同的。用邊沁的話說："飢餓不是麵包"。在邊沁看來，物權是法律性的權利，確認權利並制定其限度是立法者而不是自然權利宣導者的職責。邊沁指出，如果認為政府受自然權利的約束，那就是在自找麻煩，甚至會引發無政府狀態。

　　當代學者阿瑪蒂亞・森（Amartya Sen）回顧了邊沁的影響，並強調了一種"合法性批評"，一些人將人權視為"先於法律存在的道德主張"，"很難被視為可在法院和其他執法機構予以裁判的權利"。森告誡道，不要將人權與 "立法制定的法律權利" 混為一談。他還指出了對人權話語的另一種反應：有人聲稱人權與某些文化格格不入，這些文化可能更傾向於優先考慮其他原則，例如對權威的尊重。森稱其為 "文化批判"。每當這最後一個批評提及人權話題時，就會贏得評論家們的普遍關注。的確，《帝國概論》（*The Very Short Introduction to Empire*）一書指出，對一些觀察家來說，南斯拉夫國際刑事法庭〔以對斯洛博丹・米洛舍維奇（Slobodan Milosevic）的審判失敗而出名〕是帝國主義的產物，而且對於這些批評者而言，"普世" 人權的整個概念實際上是一個巨大的騙局，西方帝國主義或前殖民國家試圖推行他們自己的、非常特殊且具有本土性特點的 "權利" 是普世性的觀念，而不惜大肆踐踏其他所有人的信仰和傳統。

我們可以對這樣的批評作出如下回應。首先，儘管邊沁是正確的，自然權利在當時沒有獲得一致認同的內容或者法律合法性，但今天這些權利已經被賦予了內容並得到了立法機關和政府的一致認同。世界上所有國家都同意遵守至少一項人權公約。其次，國外提倡的權利類型並不像有時聲稱的那樣陌生。如今，儘管一些領導人可能會試圖將人權批評視為異類或西方的，但更有可能的是，權利被當作反抗壓迫運動的一部分，被自下而上地提出來，而不是在領導人峰會上以威嚇的方式被提出。所有這一切並不意味著面對權利衝突時，不同的文化沒有選擇不同結果的餘地。正如我們將看到的，現代人權目錄允許對大多數權利加以限制，以便考慮到其他人的權利。

有人會說，我們實際上仍然沒有證明這些權利存在於法律和條約之外，是每個人都需要面臨的道德邏輯問題，而不是援引這些權利的人手裏的便利工具。我認為，為了表明人權不僅僅是相互競爭的權利主張，它們更反映了人類具有特殊價值的意識，我們應該轉向越來越有影響力的觀點，即人權實際上是為了保護人類尊嚴（詳見專欄 4）。

弗雷德里克·梅格雷（Frédéric Mégret）等，《人類尊嚴：對弱勢群體的一種特殊關注》（*Human Dignity: A Special Focus on Vulnerable Groups*）

那麼，尊嚴的概念可能是這樣的：不要讓我成為一個與我無關的過程的一部分，不要讓我成為某個更大目標的附帶受害者。換句話說，它是一種呼籲，不讓個人屈從於社會安排，而是根據個人尊嚴來組織社會。在這一方面，界定尊嚴的方法可能比界定一些"核心權利"更令人滿意，這不可避免地涉及尷尬和簡單化的選擇，因為除其他因素外，不同的權利在不同的時代對不同的人來說有不同的意義。

所有權利都是同等重要的，每一項權利都包括核心和邊緣部分，而核心恰恰是尊嚴受到威脅的領域。

尊嚴

現代權利理論家試圖通過引用一些壓倒一切的價值來證明權利的存在和重要性，例如自由、公平、自治、平等、人格或尊嚴。繼德國哲學家伊曼努爾·康德之後，一些人試圖從絕對道德原則中推導出人權的邏輯，這種道德原則可以從以下規則中產生：首先，我們每個人都必須按照我們希望其他理性人遵循的原則行事；其次，一個人不應該被視為達到目的的手段，而應該被視為目的本身。用現代哲學家艾倫·

格沃斯的話說："絕對禁止代理人和機構侮辱人，將他們視為沒有權利或尊嚴的存在"。這通常是權利理論的起點，強調個人自主性和能動性是需要受到保護的重要原始價值。

現代哲學家尤爾根·哈貝馬斯（Jürgen Habermas）強調，人的尊嚴是通向平等主義和普遍主義法律的途徑，並著重指出了人權是如何與創建允許思想自由交流和參與的民主制度密切相關。他認為，"人類尊嚴的理念是一個概念樞紐，它將平等尊重每個人的道德與實在法和民主立法聯繫起來，在適當的歷史條件下，它們的相互作用可以催生以人權為基礎的政治秩序。"反過來，人權"將公正社會的理念深植於憲政國家本身的制度中"。

這種對哲學的考察有助於理解我們為什麼要保護人權。可以看到，權利有助於建設一個允許人們作為自主的個人自由發展的社會，同時允許在平等基礎上參與社區決策過程。換句話說，我們可以開始承認，政治安排對於保護人權是有用的，並不是因為每個社會都必須保護上帝賦予的權利，甚至是尊重上帝或"自然理性"要求的義務，而是因為人權似乎被證明是保護其他價值（例如尊嚴）的有用方式。

當然，在這一點上，人們可能會問，尊嚴概念是否比人權更值得保護？如果是的話，保護尊嚴意味著什麼？雖然可以發現，各種各樣的主張都是以對尊嚴的訴求為前提的，而且往往出自爭論的對立雙方，但也可以認為，正如司法推理所證明的那樣，當代尊嚴理念至少可以以四種形式體現。

第一，禁止一個人對另一個人施加一切形式的不人道待遇、羞辱或侮辱；第二，保證個人選擇的可能性和每個人自我滿足、自主發展或自我實現的條件；第三，承認保護群體特徵和文化可能對於保護個人尊嚴至關重要；第四，為滿足每個人的基本需求創造必要的條件。

克里斯多夫·麥克魯登（Christopher McCrudden）發現，司法越來越普遍地將尊嚴作為人權案件司法裁決的依據，不僅僅體現在國際層面的歐洲和美洲人權法院中，也包括南非、匈牙利、印度、以色列、德國、加拿大、法國、美國和英國等司法管轄區的案件。他的研究表明，即使我們仍在等待“尊嚴”一詞被賦予實質性意義，該術語依然提供了“一種語言，法官可以用這種語言來證明他們如何處理權利的分量等問題”。

尊嚴也許是一個解釋性術語，它本身並不一定能證明某個特定的結果是正當的，但可以幫助我們理解為什麼某些理由比其他理由更受青睞。言論自由事關人的尊嚴，但旨在保護他人私生活、防止仇恨言論或消除兒童色情的限制也是如此。關於墮胎或協助自殺相關的辯論雙方都將人的尊嚴作為決定誰對誰錯的指導原則。正如我們在第六章和第八章中討論權利平衡問題時將看到的那樣，在應優先考慮誰的尊嚴這個問題方面，理性人可能會持不同意見。但從這個角度來看，我們可以看到人權案件不僅僅是解釋立法者的意圖，它們常常涉及我們想要什麼樣的社會的選擇問題。

最近，在關於無期徒刑的判決中，法官通過解釋其裁決結果源於維護人類尊嚴的需要來證明其人權裁決是正當的。在德國（以及後來的歐洲人權法院），人們發現，未經復審的無期徒刑可能與人權相悖，因為"任何以人的尊嚴為核心的社會"都需要改造。

理論之外

一些哲學家建議我們放棄尋找一個令人信服的理論來解釋我們為什麼擁有人權。理查·羅蒂（Richard Rorty）認為，事實是："人權文化的出現似乎不應該歸功於道德知識的增長，而應歸功於人們聽到的那些令人悲痛傷感的故事"，我們應該把與人權有關的基礎道德理論拋諸腦後，以便更好地"將精力集中在控制情感和感傷教育上"。其他人則強調，人權是關於世界應該如何改變的主張，這些主張實際上與事物應該如何發展相關（詳見專欄 5）。

有關利用人權推進漸進式變革的熱烈討論仍在繼續。許多人擔心社會公正問題，採取權利策略也許並不能夠鞏固現有的財產利益。女權主義者繼續強調，人權未能解決性別之間的結構性不平等、針對婦女的私人暴力問題以及擴大婦女參與決策的必要性問題。即使是為了解決這些問題而調整人權的方向，也只會被視為是採取一種措施，用以強化婦女作為暴力受害者而需要受到保護的刻板印象。在另一個層面

邁克爾·古德哈特（Michael Goodhart），
《人權與政治辯論》
(*Human Rights and the Politics of Contestation*)

人權訴求是最廣泛意義上的政治訴求。它們是規範性主張——關於事物應為何的主張——但這並不意味著它們是關於道德真理的主張。它們反映了一種信念，即所有人在道德上都是平等的，有權享有某些基本自由。援引人權的目的是挑戰權力和特權結構、質疑"自然的"或專制的等級制度，並堅定不移地相信人人享有自由和平等。這樣，人權就具有黨派性或意識形態性了。它們特定的立場反映出特定的觀點——弱者、受虐待者、邊緣化者和受壓迫者的觀點。

上，隨著人權越來越多地出現在西方領導人的話語中，一些人擔心人權正在被工具化，成為強國干涉南方較弱國家的政治、經濟和文化生活事務的藉口。最近，大衛·肯尼迪（David Kennedy）等批評家警告說，人權詞彙的使用可能會對其他解放進程產生完全意想不到的負面影響，包括那些更多依賴宗教、國家或地方力量的進程。這些批評並不是要否認人權的存在。實際上，當下人權有時會受到攻擊，並不是因為人們懷疑人權的存在，而恰恰是因為人權無所不在。讓我們先把道德哲學放在一邊，看看我們能從 20 世紀的文學作品對人權的描述中獲得什麼啟示。

昆德拉筆下的人權

　　國際人權語言已與各種訴求和爭議聯繫在一起。現在，幾乎所有人都會通過主張或否認權利來強調自己的觀點。事實上，對於西方的一些人來說，他們似乎已經進入了一個對權利爭論司空見慣的時代。讓我們引用米蘭·昆德拉（Milan Kundera）《抗議侵犯人權的姿態》中的一段話來說明這一點。故事的焦點人物是碧姬（Brigitte），在與她的德語老師發生爭吵（因為德語語法缺乏邏輯）後，她開車穿過巴黎去馥頌（Fauchon）買葡萄酒。

　　　　她想把車停好，但發現這根本不可能：整整方圓半英里內，成排的汽車一輛接一輛地停放在馬路邊；轉了十五分鐘圈後，依然完全沒有空地兒，她不禁憤憤不平。她把汽車開上人行道後，就下車去了商店。

當她走近商店時，她注意到了一件奇怪的事。馥頌是一家非常昂貴的商店，但這次它被大約 100 名 "衣著寒酸" 的失業者擠滿了。用昆德拉的話來說：

　　　　這是一種奇怪的抗議：失業者沒有破壞任何東西，也沒有威脅任何人，也沒有喊口號；他們只是想讓富人感到尷尬，他們的存在破壞了富人們對葡萄酒和魚子醬的胃口。

碧姬成功地買了瓶酒，回到她的車裏，碰到了要求她支付停車罰款的兩名警察。於是，她開始對警察惡語相向，當他們指出她非法停車並阻塞人行道的事實時，碧姬指著一輛接一輛成排停放的汽車說：

"你能告訴我應該把車停在哪裏嗎？如果允許人們購買汽車，就也應該保證他們有停放汽車的地方，對嗎？你必須得講邏輯！"她對他們大喊道。

昆德拉講述這個故事的重點在以下幾個細節上：

在向警察大喊大叫的那一刻，碧姬想起了馥頌的失業抗議者，並對他們產生了強烈的同情：她覺得自己與他們團結在一起同仇敵愾。這給了她勇氣，她提高了嗓門；警察（猶豫了，就像失業者目光裏那些穿著裘皮大衣的婦人一樣）用一種既沒有說服力又十分愚蠢的方式不斷地重複"禁止""禁令""紀律""命令"之類的詞，最終還是沒有讓碧姬交納罰款就走了。

昆德拉告訴我們，在爭執期間，碧姬不斷地從左向右快速搖頭，又聳肩皺眉。當她向自己的父親講述這個故事時，她又一次從左向右搖頭。昆德拉寫道：

> 我們以前曾遇到過這種運動：它表達了對有人試圖否認我們最顯而易見的權利這一事實的憤慨和震驚。因此，讓我們稱其為"抗議侵犯人權的姿態"。

昆德拉認為，正是法國革命性的權利宣言與俄羅斯勞改營的存在之間的矛盾，引發了西方歷史上相對較近的人權熱情：

> 人權概念可以追溯到大約 200 年前，但在 20 世紀 70 年代後半葉發展到了頂峰。亞歷山大·索爾仁尼琴（Alexander Solzhenitsyn）剛剛被驅逐出境，他那蓄滿鬍鬚、帶著手銬的突出形象令那些西方知識分子著迷，他們病態地渴望著如索爾仁尼琴般的偉大命運，但卻求而不得。正是因為索爾仁尼琴，50 年後他們才開始相信，在共產主義的俄國有勞改營的存在；即使是進步人士現在也願意承認，因個人見解而遭到監禁是不公正的。他們為自己的新立場找到了一個絕妙的理由：
>
> 俄國共產黨人侵犯了已經在法國革命中被莊嚴宣告的人權！
>
> 因此，多虧了索爾仁尼琴，人權再次在我們這個時代的詞彙中找到了一席之地。我還沒見過哪個政客一天

不提 10 次 "為人權而戰" 或 "侵犯人權"。但是,因為西方的人民不受勞改營的威脅,可以自由地表達和書寫心中所想,所以爭取人權的鬥爭越是普及,這些鬥爭就越多地失去具體內容,它們成為了每個人對一切事物所持的普遍立場,一種將人類的所有慾望變成權利的活動。世界範圍內充斥著人的權利,一切都可以被稱為權利:對愛的渴望是愛的權利,對休息的渴望是休息權,對友誼的渴望是友誼權,對超速的渴望是超速權,對幸福的渴望是幸福權,對出版書籍的渴望是出版權,對深夜在街上大喊的渴望是街上大喊權。失業者有權佔領昂貴的食品商店,穿著裘皮大衣的婦人有權購買魚子醬,碧姬有權把車停在人行道上;所有人,失業者、穿著裘皮大衣的婦人和碧姬都屬於同一批為人權而戰的鬥士。

昆德拉的文章就處於不斷變化中的人權世界提出了幾點看法。第一,對於當今世界的某些人來說,人權是顯而易見、不言自明、合乎邏輯的。這些權利的來源抑或權利訴求的理論基礎都不會受到任何質疑。權利體系的基礎對我們而言是如此牢固,以至於援引權利的行為本身似乎就能證明你是正確的。

第二,人權是一個人一旦感受到了不公平對待,就會自動提出的主張。一種不公正感會使人覺得自己的權利被剝奪了。由無可辯駁的邏輯和應得的權益而衍生出來的權利,在今天比"社會契約""自然法則"或"正當理由"等概念更具說服力。碧姬通過懇請享有在人行道上停車的一個合乎邏輯的權利要求，說服了警察，而對慷慨、寬恕、人道或慈善的呼籲則需要擺出不同的姿態。

第三，共同的不滿情緒為主張自己"權利"的人們提供了有力的幫助。當我們這些感到委屈的人站在一起抗議時，我們通過團結而獲取了力量。法律本身可能是抗議的目標。即便是在執法者的眼中，對法律的憤怒在某種程度上也可以使這些法律失去合法性。遵守法律是一種習慣，通常與法律的合理性有關。援引人權已成為挑戰我們認為不公正法律的一種方式（即使法律是按照正當程序制定的）。實際上，人權法已經發展到了幾乎在所有國家，國內法都可能因與人權相抵觸而遭受質疑。與法律被廢止和推翻的情形一樣，一種大家普遍接受的觀點認為，所有法律的合理性抑或合法性，都必須根據人權法來判斷。人權法（或憲法）與普通國內法之間的等級關係目前也體現於一般國際法與某些"更高級別"的國際法禁止性規定（諸如"強制的"或"國際強行法"規則）之中。人權在較高的層面上運作，被用來評價一般的法律。

第四，提倡權利和確保尊重權利這種方法，不僅是實現一個既定目標的途徑，也是改變我們生活的制度體系的途徑。人權是推動世界變革的重要工具。人權已經超越了國家革命宣言（例如，法國 1789 年頒佈的《人權與公民權利宣言》或 1215 年《大憲章》中的政治協議）中公民個人享有權利的觀念。如今，人權主張不僅有助於改變國內法，人權原則也被認為能夠促進國際發展援助項目，推動政權更迭期間的過渡司法，幫助處理衝突後的重建問題，以及應對貧困和氣候變化的影響。

第五，對一些人來說，人權與西方關注的問題之間存在著歷史上的聯繫，因此，人們一直試圖對那些提出人權問題的人不屑一顧，認為他們脫離了所討論的實際剝奪問題。一個富家女抱怨停車位不足的例子當然是有意編造的荒唐、諷刺性的故事。但是昆德拉的故事表明，因為某些西方政府有選擇地制裁或支持侵犯人權的行為，致使對人權暴行的憤慨很快就會變得荒謬，甚至是虛偽。然而，過分強調人權和西方式虛偽之間的關聯是錯誤的。實際上，現代人權運動和複雜的國際規範框架是在許多跨國和廣泛的運動中發展起來的。在反殖民主義、反帝國主義、反奴隸制、反種族隔離、反種族主義、反猶主義、反恐同、打擊伊斯蘭恐懼症，以及女權主義者和土著人民的鬥爭中，人權越來越多地被引用和提出。西方國家的政府最近可能主導了國際上最高級別的討論，但是各地對人權的呼聲並不一定是受到了西方的啟發，也未必跟隨著西方的調子。

第六，那些認為自己是人權遭受侵犯的受害者之間所形成的友愛可以超越階級、性別和其他差異。這種親密感對於理解不斷變化的人權世界至關重要。包括以西方為基地的大型組織和小型的當地實況調查和倡議團體在內的人權運動，努力揭露一些最嚴重的虐待行為。此外，某些人權規範在國際公法中處於首要地位的理由之一是，某些行為嚴重觸犯人類的良心，應該作為危害人類罪被追訴。正是在共同的人性和共同的苦難的推動下，人權世界不斷地前進，並詮釋了抗議侵犯人權的姿態。

最後，通過昆德拉和碧姬的眼睛，我們觀察到不同文化、時間、地點和知識水平下幾種不同的人權邏輯。這是一個歐洲的故事，發生在首都，體現了"二戰"後的氛圍。當代非洲、亞洲或美國的故事會大不相同。但我們認為昆德拉在這裏幫助了我們，因為他將這種特殊的當代姿態視為一種推動對話的人類內心情感。人權詞彙並非僅僅簡單揭示那些我們天生就理解的深層宇宙結構。它也不是一門成年人才能學習的語言。這是一個關於消除不公正、不人道現象，以及為爭取更好的政府而鬥爭的故事。與此同時，國家可以援引人權提升其外交政策目標。除非我們理解那些人權背後的驅動力，否則我們可能會錯過決定未來走向的人權潮流。昆德拉的懷疑主義可能令人不快——但也引發了共鳴。如果我們想理解當今的人權世界，就必須直面對"顯而易見"的人權道德邏輯的信奉與對特定權利訴求的質疑之間的矛盾。

關於當代這種發自內心的人權宣導，只需要看一看最近對關塔那摩灣（Guantánamo Bay）基地的控訴（詳見專欄6）。

刑罰終止訴狀節選，涉及傑富仕安保公司（G4S）
與負責關塔那摩灣拘留的美國機構之間的合同

艾馬德·哈桑（Emad Hassan）是也門國民，在巴基斯坦學習期間被捕。在審訊期間，他被問及是否知道基地組織，他回答說是。但他指的是其也門的家附近一個名為"基地"的小村莊，而不是全球恐怖主義組織。這一嚴重誤解是哈桑先生在未經指控或審判的情況下被關押在關塔那摩灣近十二年的原因。

哈桑先生從也門前往巴基斯坦學習詩歌，但當巴基斯坦軍隊突襲他的學生宿舍並拘留他時，他的學業就此結束了。哈桑先生被以 5000 美元的賞金賣給了美軍，並被帶到關塔那摩灣。2009 年，由美國政府六個不同機構組成的跨機構特別工作組批准釋放哈桑先生，其中包括聯邦調查局和中央情報局。儘管被獲准釋放，哈桑先生仍被無限期拘留。

哈桑先生在關塔那摩進行了時間最長的絕食抗議。在過去的七年裏，他拒絕進食，不得不忍受每天兩次殘酷的強制灌食。自 2007 年以來，作為軍方摧毀哈桑精神的一種手段，他已被粗暴地強行灌食五千多次。這使得他遭受了嚴重的內傷。

由於被強行灌食，哈桑患上了嚴重的胰腺炎，他的一側鼻道已經完全閉合。

哈桑先生說："有時我坐在椅子上嘔吐。沒有人說什麼。即使他們背棄我，我也能理解。我在尋找人類。我所要求的只是基本的人權。"

第二章

國際人權的
歷史發展與當代關注

2

如今，當官員或活動人士提到＂人權＂時，他們幾乎肯定指的是國際法和國內法承認的人權，而不是道德或哲學意義上的權利。當然，哲學辯論將繼續闡明（或有時掩蓋）我們認為人權很重要的原因，以及如何更好地促進人權。但是就目前而言，人權的內容（哲學領域之外）通常是通過參照我們所發現的國際文書發展起來的人權法律目錄來理解的。這種法律方法回應了對被視為固有權利的自然權利進行具體保護的需求，並且在一定程度上回應了對我們只是在討論無政府主義慾望的批評。此外，通過成文法，人權被寫入協商一致通過的書面文件後，才得以確立。赫希‧勞特派特（Hersch Lauterpacht）的重要著作——《國際人權法案》（*An International Bill of the Rights of Man*）於 1945 年出版，該書援引了一系列自然權利思想和受憲法保護的權利，主張由聯合國制定一份書面的權利法案來保護人權。

今天我們手裏的一份重要文本是聯合國大會 1948 年通過的《世界人權宣言》（詳見本書附錄）。但是，對人權的列舉並未止步於該宣言。從那時起，幾十項條約（為國家創設且具有約束力的法律義務的協議）和政府間宣言進一步補充了該宣言。1984 年，正當書寫權利的熱潮高漲之時，菲力浦・阿爾斯通（Philip Alston）建議，新的國際人權應該像葡萄酒一樣，接受聯合國大會的"品質控制"。1986 年通過的聯合國有關決議建議，國際人權文書應該：

（1）與現有的國際人權法體系一致；

（2）具有根本性質，並源於人類固有的尊嚴和價值；

（3）足夠明確地創設具有辨識度和操作性的權利和義務；

（4）提供適當的、可實現的、有效的執行機制，包括報告制度；

（5）得到廣泛的國際支持。

有些人可能認為各種文本都沒有通過這個測試，但總體而言，聯合國的核心人權文書都符合這些標準。讓我們更詳細地了解一下這份人權目錄是如何生成的。

第二次世界大戰之前

人權國際保護的歷史發展值得關注，因為它告訴我們國家如何以及為什麼在國際關係中利用人權。20 世紀的人權敘事層次豐富。在一個層面上，人權被當作發動世界大戰的理由。1915 年，在第一次世界大戰（以下簡稱"一戰"）的背景下，弗朗西斯・榮赫鵬爵士（Sir Francis Younghusband）成立了一個名為"爭取權利運動"的組織；該組織宣稱的目標之一是："要讓這個國家牢記，我們不僅僅是在為保護自己而戰，我們是在為全人類而戰，為保護子孫後代的人權而戰"。在另一個比較學術的層面上，智利法學家、美洲國際法研究所（The American Institute of International Law）秘書長亞歷杭德羅‧阿爾瓦雷斯（Alejandro Alvarez）於 1917 年推動審議對個人和社團權利的國際承認問題。

威爾遜總統（President Wilson）在 1918 年的國會講話中談到，他渴望"創造一個致力於正義與公平交易的世界"。他的想法在擬議的"十四點"方案中得到了拓展，其中明確提及了尋求自治民族的自決權和建國權。威爾遜的"十四點"方案為結束"一戰"的談判奠定了基礎，儘管它們並沒有真正反映在 1919 年的《凡爾賽和約》（Versailles Peace Treaty）中，該和約包括了《國際聯盟盟約》（Covenant of the League of Nations）並設立了國際勞工組織（International Labour Organization）。國際聯盟本應該通過其成員國對任何訴諸戰爭或戰爭威脅的國家採取集體行動，以維護國際和平與安全。其中有三項發展是相關的：有關少數群體條約、國際勞工權利的發展和廢除奴隸制方面的工作。

同盟國和東歐各國簽訂了一系列保護少數民族的條約和宣言，用以保護生活在阿爾巴尼亞、奧地利、保加利亞、捷克斯洛伐克、愛沙尼亞、芬蘭、希臘、匈牙利、拉脫維亞、立陶宛、波蘭、羅馬尼亞、土耳其和南斯拉夫的一些少數民族的權利。當時的人們認為，隨著國界的重新劃定和新國家的建立，應防止對少數民族的虐待，以免破壞新的“世界和平”。這些條約是第一次在國際層面上保護特定群體權利的多邊行動。這些條約均載有相似的規定，以確保締約國中少數民族的權利得到保護，包括所有居民的生命權和自由權，以及國民的公民權利和政治權利。

國際聯盟在法律層面承認並保護少數民族權利的努力是一個重要的進步，因為它們一方面標誌著人們試圖利用國際法保護個人權利；另一方面，它們指出了一個國家現在對待其國民的方式已經成為合法的國際關注事項。然而，儘管國聯對保護少數民族的權利做出了重要貢獻，但國際聯盟所提供的人權保護顯然僅限於某些特定群體和國家。

國際聯盟也積極地保護工人的權利。《國際聯盟盟約》（*The Covenant of the League of Nations*）明確規定了“為男女及兒童提供公平、人道之勞動條件”的目標。該目標成為了國際勞工組織工作的核心，該組織至今仍是聯合國的專門機構之一。雖然少數民族條約和工人權利的發展可以被視為國際人權發展的萌芽階段，但我們應該意識到，各國政府是出於本國利益的需要而做出這些安排。基於個人與國家之間的聯繫，個人權利才被賦予法律的保護；國家自負地認為它們自身受到了傷害。國家同意這種安排是因為它們認為這樣可以緩和國家間的緊張關係，從而避免發生戰爭。工人權利之所以得到承認和保護，是因為這種做法被一些國家視為防止其人民投向共產主義進而降低發生革命風險的最佳方式。

在 1919 年的巴黎和會上，各國代表建議將尊重平等權利納入《國際聯盟盟約》。人們既關注宗教自由，又希望確保禁止基於種族或國籍的歧視。英國代表塞西爾爵士（Lord Cecil）甚至提議，如果某些國家以宗教不寬容的形式危害世界和平，那麼其他國家有權對它們進行“干涉”。日本代表、外交大臣牧野男爵（Baron Makino）特別提議增加一句話，使各成員國有義務儘快同意給予聯盟成員國的外籍國民平等和公正的待遇，而不區分國籍或宗族。

最後兩個提議均未獲得通過。關於未能在《國際聯盟盟約》中納入反歧視規定的問題，安東尼奧·卡塞斯（Antonio Cassese）總結道：

> 西方大國既不會也不可能接受這樣一個原則，該原則會嚴重阻礙它們對世界其他地區公民採取歧視性做法，甚至最終還會威脅到它們自身系統中仍被容忍的類似做法（當然，我首先想到的是美國的種族歧視）。

我們還應該在這裏提及取締奴隸貿易和廢除奴隸制的鬥爭。19 世紀見證了反對奴隸制的持續努力。儘管戰略考量和經濟因素在廢除奴隸制方面發揮了重要作用，但也確實存在一種認為奴隸制是不人道的真實情感因素；19 世紀 20 年代起，非政府組織開始遊說各國採取國際行動廢除奴隸制，禁奴鬥爭有時被視為是人權運動的開端，"禁奴國際"（Anti-Slavery International）認為其是世界上成立最早的國際人權組織。

國際聯盟成立了奴隸問題委員會，通過了 1926 年《禁奴公約》（*The Slavery Convention*），並制定了與販運婦女、兒童有關的公約，從而禁止了 1910 年公約中所謂的"白奴交易"。

我們應該在這裏暫停一下，簡要地指出我們今天不幸遭遇到的通常被稱為"當代形式奴隸制"問題。該問題包括人口販運和強迫勞動的情況。據國際勞工組織估計，這涉及 2000 多萬人，強迫勞動的非法利潤每年高達 1502 億美元（詳見專欄 7）。聯合國關注的當代形式奴隸制形式包括債役工、家庭奴役、早婚和強迫婚姻、童工、奴役婚姻和基於種姓的奴隸制形式。而販運不僅包括以性交易為目的人口販運，還包括以摘取器官為目的的人口販運（詳見專欄 8）。人權思維正在探求此類現象的原因（詳見專欄 9），以確保在國際合作之外採取行動，為販運受害者提供保護。當政府傾向於利用該機會壓制移民，而不是追捕販運者並保護被販運者時，問題的解決就更加困難了。

在國際聯盟框架下，我們戰略性地關注了某些少數民族、工人面臨的困境，並表達了對從事賣淫婦女的家長式擔憂。但是，我們仍舊沒有切實可行的保護人類的有意義的國際權利或義務。

利潤與貧困

在 2012 年的調查中，國際勞工組織估計，全球範圍內有 2090 萬人被強迫勞動，被販運及從事勞動和性剝削，或者處於類似奴役的情勢之下。2090 萬處於強迫勞動的人中絕大部分——1870 萬人（約 90%）——在私營經濟中遭受個人或企業的剝削。其中，450 萬人（約 22%）是強迫性剝削的受害者，1420 萬人（約 68%）是強迫勞動剝削的受害者，主要分佈在農業、建築業、家政、手工製造業、採礦業和公用事業部門。剩餘的 220 萬人處於國家強制的強迫勞動形式之中，例如在監獄中，或從事軍事或準軍事部隊強制性的工作。

特別報告員喬伊・恩格齊・艾塞羅（Joy Ngozi Ezeilo）的報告

2013 年 4 月，包括三名醫務人員在內的五名科索沃人因參與器官販運集團而被定罪；該團夥將摩爾多瓦共和國、俄羅斯聯邦和土耳其的窮人誘騙至科索沃，然后將他們的腎臟和其他器官賣給來自加拿大、德國、以色列和美國富有的器官移植接受者。接受者被收取高達 13 萬美元的費用。包括五名兒童在內的受害者被承諾可獲得最高 2.6 萬美元的付款，並簽署了虛假文件，表示他們正在向一名親戚進行利他捐贈。許多人沒有得到任何補償或不充足的醫療照護。

特別報告員烏爾米拉・博拉（Urmila Bhoola）的報告

利潤動機推動了對強迫勞動和其他當代形式奴役的需求，它也受到"推動"因素的支撐，這些因素包括：家庭越來越容易受到收入衝擊的影響，導致更多家庭生活低於絕對貧困線以下；缺乏教育而成為文盲；喪失工作和被剝奪土地，這迫使非正規部門工作、遷徙和人口販運增加。這些因素對佔強迫勞動受害者的一半以上的婦女和女童產生了不成比例的影響，並已被廣泛記錄在案。

在兩次世界大戰期間，一些人對拓展國際法的範圍以使其涵蓋個人權利表現出了興趣。巴黎大學國際法教授阿爾伯特・德拉普拉德勒（Albert de Lapradelle）向國際法學會（The Institute of International Law）遞交了一份"國際人權宣言（*Declaration of the International Rights of Man*）草案"。受國際聯盟與少數民族相關條約的影響，他尋求制定一份本質上具有普遍性的文件，以期吸引國際社會所有國家都來簽署。來自俄羅斯的教授安德烈・曼德爾斯坦（Andre Mandelstam）提出了一個文本，成為宣言最終文本的基礎。重要的是，最後於 1929 年在紐約舉行的學會傑出成員會議上通過的宣言，並沒有提及公民的權利，而是規定了屬於每個人的生命權、自由權和財產權。這些權利必須得到尊重，不得基於國籍、性別、種族、語言或宗教而予以任何歧視。然而，這一文本只是傑出律師們的作品而已——有影響力的國家對國際人權保護工作仍舊缺乏熱情。1933 年，海地代表安托萬·弗朗格里斯（Antoine Frangulis）主張，國家義務應超越少數群體的範疇，並通過一項一般性公約予以擴展，以便為所有人提供相同的保護和自由。然而，這樣的提議並不符合強國的胃口。歷史學家保羅·勞倫（Paul Lauren）引用了一位英國官員的話，不過這位英國官員說"他不希望自己的話被引用"，因為他說，"鑒於我們的殖民歷史，國王陛下的政府完全不可能接受這樣的提議"。

第二次世界大戰

我們發現幾乎從"二戰"伊始，人權就被提及了。1939 年，英國作家 H. G. 威爾斯（H. G. Wells）寫信給《倫敦泰晤士報》（詳見圖 3），要求對戰爭目的進行討論。他表示，國際聯盟是"那場戰爭的一個可憐而無效的

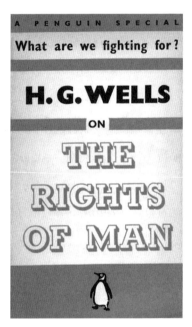

圖 3 H. G. 威爾斯書的平裝本。據說盟軍在敵人的後方散發了該宣言。威爾斯的《權利宣言》被廣泛分發，不僅被翻譯成歐洲多國語言，還被翻譯成中文、日語、阿拉伯語、烏爾都語、印地語、孟加拉語，古耶拉提語、豪薩語、斯瓦伊里語、約魯巴語、祖魯語和世界語。

結果，既不能消除世界上的武裝衝突，也未能開啟人類的新生活"。威爾斯對"日內瓦幻影"的重複感到"恐懼"。在隨後的一封信中，他附上了一份《權利宣言》（*Declaration of Rights*），以明確"我們的人民或多或少有意識地為之鬥爭"的精神，並"強烈號召處於我們正與之鬥爭的愚昧主義和極權主義暴政統治之下的每一個人積極行動起來"。換句話說，威爾斯認為當這些權利具有普遍吸引力的時候，戰鬥才具有意義。該宣言後來發展為《關於人的權利的世界宣言》（*World Declaration of the Rights of Man*），被分發給 48 個國家的 300 多位編輯，引起了全球關注。該宣言包括十段：歧視；自然資源；健康；教育；有償就業；買賣個人財產的權利；在世界各地自由遷徙的權利；訴前羈押不得超過六天，公開審判前羈押不得超過三個月；獲取有關個人的政府記錄的權利；禁止毀損肢體、絕育、酷刑和任何體罰。

該宣言被收入廣為流傳的 1940 年企鵝特刊《人的權利：我們為何而戰？》（*The Rights of Man: or What are We Fighting for?*）。該書還收錄了其他權利宣言，包括 1936 年由"人權聯盟"（La Ligue des droits de l'Homme）編寫的《對人權宣言的補充》（*Complément à la Déclaration des Droits de l'homme*）。

威爾斯擔心，正在通過的法律不能有效地應對來自叛國者和外國人的威脅（詳見專欄 10）。有趣的是，這些擔憂與當下有關恐怖分子、難民和其他問題的辯論密切相關。威爾斯的《世界公民的權利》（*Rights of the World Citizen*）1942年的修訂版以下述呼告為結尾：

> 這些是全人類的權利。無論你是誰，它們都屬於你。要求你們的統治者和政客們簽署並遵守這份宣言吧。如果他們拒絕，如果他們狡辯，他們將在人類即將迎來的新的自由世界中沒有立足之地。

因此，"二戰"的恐怖為現代人權運動提供了動力。威爾斯與各種各樣的人探討了他的宣言，尤其是那些被要求參與戰爭的人。他們不僅關心"對暴力的鎮壓"，更重要的是，"納粹侵犯人類尊嚴的暴行深深激怒了他們"。

專欄 10

H. G. 威爾斯，《人的權利：我們為何而戰？》

……大量的緊急立法、條例、阻礙和限制措施堆積在一起，它們或是與現實需求不匹配，或是罔顧、扭曲現實需求。為了人類文明的重塑和現代化，必須在人權的框架內，對我們有理由懷疑是叛徒或革命者的同胞，以及那些在我們家門口的陌生人所採取的誇大的非法行為予以限制。

1941 年，美國總統富蘭克林·羅斯福（Franklin Roosevelt）在致國會的年度國情諮文中，高調宣佈了四項基本的人類自由：言論自由、信仰自由、免於匱乏的自由和免於恐懼的自由。他的演講還解釋說："自由意味著人權在任何地方都是至高無上的。"在同一年，羅斯福總統和邱吉爾首相發表了現在被稱為《大西洋憲章》的聯合聲明，描繪了他們對戰後世界的願景。聯合聲明指出：

> 在納粹暴政被最後消滅之後，他們希望建立和平，使所有國家能夠在其疆境內安然自存，並保障所有地方的所有人在免於恐懼和不虞匱乏的自由中，安度一生。

後來，26 個同盟國代表於 1942 年 1 月 1 日依次簽署了《聯合國家宣言》（*Declaration by United Nations*），贊同《大西洋憲章》的宗旨和原則，並指出：

> 深信徹底戰勝他們的敵國對於保衛生命、自由、獨立和宗教自由，以及對於維護其本國和其他各國的人權和正義是必不可少的。他們目前正在投入一場反對企圖征服世界的野蠻和殘暴勢力的共同鬥爭。

除與軸心國交戰的同盟國外，截至 1945 年 8 月，又有 21 個國家簽署了該宣言。這個合併的聯盟後來成了聯合國 51 個原始成員國的核心。1945 年通過的《聯合國憲章》（*The UN Charter*）承諾，該組織鼓勵尊重人權，並責成成員國與聯合國合作以促進對人權的普遍尊重和實現。但是，當時制定一個具有法律約束力的權利法案的努力並未成功。相反，那時的重心是對國際罪行的審判。

對國際罪行的起訴

"二戰"結束時，戰勝國設立了紐倫堡國際軍事法庭，審判"歐洲軸心國的主要戰犯"，並設立了遠東國際軍事法庭，審判"遠東地區的主要戰犯"。這兩個法庭審判個人犯下的破壞和平（侵略）罪、戰爭罪和危害人類罪（與侵略或戰爭罪有關）。紐倫堡法庭判處了 12 名被告死刑，5 名被告長期監禁。遠東國際法庭判處了 7 名被告死刑，16 名被告終身監禁。一些人認為，這些審判的目的是為了證明同盟國比法西斯國家更好，並起到相應的警示作用。但是，也可以從其他角度分析。從一個角度來看，這些審判代表著勝利者的正義：同盟國可能犯下的戰爭罪沒有被審判，而且對破壞和平罪和危害人類罪的指控似乎基於相當不確定的法律基礎。

從另一個角度來看，紐倫堡審判開啟了一種新的思維方式來審視國際法及其對個人的影響。被告被認為違反了國際戰爭法——這是一項可以從軍事法庭適用的一般司法原則中總結出來的法律。法庭宣稱："該法律不是一成不變的，而是根據世界變化的需要而不斷調整的。"法庭接著駁斥了任何主張該法律僅限於國家責任，或者個人可以以國家豁免的傳統概念為藉口的想法："違反國際法的罪行是由個人而不是抽象實體實施的，只有通過懲罰犯下這種罪行的個人，國際法規定才能得到執行。"此外，被稱為"危害人類罪"的犯罪類別的發展最終鞏固了這樣一種觀念，即個人承擔國際義務是因為他們具有的人性價值，而不是因為他們在國外受國籍國保護，或是受到保護少數民族的某一特定條約的保護。

有時，"危害人類罪"這個短語可以追溯到 1890 年，喬治·華盛頓·威廉姆斯（George Washington Williams），一位非裔美國宗教部長、俄亥俄州立法機構成員，在一封抗議比利時國王利奧波德二世（King Leopold II）統治下的剛果（金）的信中使用了這個詞（詳見圖 4）。他寫信給美國國務卿說，"剛果（金）根本不值得你的信任或支持。它積極參與奴隸貿易，犯下了許多危害人類罪。"

圖 4　喬治·華盛頓·威廉姆斯，美國牧師、律師和歷史學家，他在 1890 年的《公開信》中揭露了比利時國王利奧波德統治下的剛果（金）的罪行。

後來，我們發現了一份 1915 年的法國、英國和俄羅斯關於亞美尼亞人的聯合聲明。外交往來文件表明，俄羅斯最初的宣言草案提到了"反基督教和文明"的罪行。但是，法國人擔心，應該注意的是，生活在法國和英國統治下的穆斯林不會得出結論認為，只有在基督徒受到威脅時，這兩個大國才會採取行動。英國人同意可以不要這一短語。亞美尼亞革命聯合會呼籲俄羅斯帝國外交部"為了人類之愛"讓政府的成員承擔個人責任。俄羅斯人沒有提及"基督教"一詞，而是成功地用"人性"一詞取而代之。最終版本的宣言提及了一些具體地點，並指出，鑒於"土耳其對人類和文明犯下的新罪行"，同盟國政府將"追究"所有"與此類屠殺有牽連"的人的"個人責任"。實際上，土耳其於 1920 年在一個從未生效的條約中承諾，會交出同盟國認為應對大屠殺負責的那些人，而後來 1923 年的和平條約卻包括了一項大赦宣言。

1945 年《紐倫堡憲章》（*The Nuremberg Charter*）使用了"危害人類罪"這一罪行類別，以確保一部分德國人將另一部分德國人驅逐到集中營，以及隨後對他們的虐待和滅絕行為能夠被提起公訴。依據當時的國際戰爭法，一國政府對待其國民的方式（無論多麼令人髮指）被國際法視為完全屬於國內管轄的事務，而不是國際關注的問題。因此，危害人類罪的概念被用來包括這些罪行，並被納入國際指控的一部分。然而，同盟國小心翼翼地確保危害人類罪只包括與戰爭有關的罪行。當時，這樣做的目的在於確保這個概念不被輕易地擴展，用來起訴那些可能被指控虐待殖民地或美國居民的人。即使危害人類罪可能被一些人視為與人權不同，但如今此類罪行（連同滅絕種族和種族清洗）引起了許多人權組織的關注，不再需要證明被指控的罪行與武裝衝突之間的聯繫。

拉斐爾・萊姆金（Raphael Lemkin）是一位來自波蘭的堅定的波蘭猶太律師，在得知 1915 年亞美尼亞人和 1933 年亞述人的遭遇後，變得癡迷於如何防止大屠殺。在馬德里舉行的統一刑法會議上，他提出了一系列違反國際法的新罪行：野蠻罪行；破壞公物罪；通過擾亂國際通訊或造成污染而導致災難罪。萊姆金試圖將對個人權利的關切與對威脅國際社會的現象的顧慮聯繫起來。他試圖創造能夠而且將會被普遍鎮壓的罪行（詳見專欄 11）。

由於無法獲得對野蠻罪行採取行動的任何支持，萊姆金感到沮喪，他決定創造一個新詞來概括他的關切並吸引關注。作為一位多才多藝的語言學家（據說他掌握了十四種語言），他想出了 "滅絕種族"（genocide）這個詞（*genos* 源自希臘語，意為部落或種族，*cedere* 是拉丁語動詞 "殺戮" 的意思）。當他提出的罪行在紐倫堡國際軍事法庭判決中沒有被承認時，他開始在聯合國說服各國通過一項關於滅絕種族的新的國際文書。

1948 年 12 月 9 日，聯合國大會通過了《防止及懲治滅絕種族罪公約》（*The Convention on the Prevention and Punishment of the Crime of Genocide*）。公約宣佈，不論發生

於平時或戰時，滅絕種族行為均係國際法上的一種罪行。它將滅絕種族定義為蓄意全部或局部消滅一個民族、人種、種族或宗教團體而犯下的任何下列行為：殺害該團體的成員；對該團體的成員造成嚴重的身體上或精神上的傷害；故意使該團體處於某種生活狀況下，以毀滅其全部或局部的生命；強制實行旨在防止該團體內生育的措施，並將該群體的兒童強行轉移到另一個團體。

拉斐爾·萊姆金 1933 年在馬德里所作的報告

作者建議在各個國家的刑法中引入兩種新的罪行，即野蠻行為罪和故意破壞罪，這些罪行應在罪犯被抓獲的國家進行審判，不論其國籍或犯罪發生的國家。建議案文如下：

第一條 任何人出於對某一種族、宗教或社會群體的仇恨，或以消滅其為目的，對屬於該群體的人的生命、身體完整、自由、尊嚴或經濟實體採取應受懲罰的行動，都應該承擔野蠻行為罪的責任……如果犯罪者的行為針對的是宣稱聲援這種群體或進行干預支持該群體的人，則犯罪者將受到同樣的懲罰。

第二條 任何人，無論是出於對一個種族、宗教或社會群體的仇恨，或以消滅其為目的，破壞其文化或藝術作品的，都要承擔破壞財產罪的責任……

重要的是，公約規定犯罪者個人"無論其為依憲法負責的統治者，公務員或個人"，均應受到懲治。該公約一直是聯合國安全理事會為處理在南斯拉夫和盧旺達所犯罪行而設立的特設國際刑事法庭的工作的核心。

盧旺達前總理讓·坎班達（Jean Kambanda）因滅絕種族罪和危害人類罪被判處終身監禁。波斯尼亞塞族陸軍〔德里納軍團（Drina Corps）〕參謀長拉迪斯拉夫·科斯蒂奇（Radislav Krstić）（詳見圖 5）協助和教唆了在斯雷布雷尼察的滅絕種族行動，允許他指揮的軍事人員殺害了約 8000人，他因此被判處 35 年監禁（詳見專欄 12）。

圖 5　拉迪斯拉夫·科斯蒂奇，德里納軍團（波斯尼亞塞族陸軍的一部分）司令官，後來面臨滅絕種族罪的指控。

南斯拉夫國際刑事法庭科斯蒂奇案

為了消滅一部分波斯尼亞穆斯林，波斯尼亞塞族部隊實施了種族滅絕行動。他們的目標是滅絕生活在斯雷布雷尼察的 4 萬名波斯尼亞穆斯林，這個群體是波斯尼亞穆斯林的象徵。他們剝奪了所有男性穆斯林囚犯、軍人、平民以及老人和年輕人的個人物品和身份證明，僅基於其身份就對他們進行了蓄意和系統性的殺戮。波斯尼亞塞族部隊開始實施種族滅絕行為時，意識到了他們造成的傷害將長期折磨著波斯尼亞穆斯林。上訴分庭明確指出，法律以適當的措詞譴責了上述行為所造成的深刻和持久的傷害，並將斯雷布雷尼察的大屠殺稱為"種族滅絕"。那些對此負有責任的人將因此背負恥辱，這對那些將來可能企圖從事這種令人髮指行為的人發出了警告。

國際刑事法院（The International Criminal Court）成立於 2002 年，現在不僅針對滅絕種族罪和戰爭罪，而且對一長串危害人類罪具有管轄權（詳見專欄 13）。2017 年之後，它開始對侵略罪擁有管轄權。

與上述為了解決特定衝突而設立的法庭不同，在紐倫堡國際軍事法庭和遠東國際軍事法庭的案件中，法庭只是為了審判戰敗國的領導，而國際刑事法院能夠審判任何具有受法院規約約束的國家國籍的個人，或者在此類國家犯下國際罪行的個人。現在有 120 多個國家接受了法院規約，包括阿富汗、澳大利亞、孟加拉國、布隆迪、加拿大、智利、哥倫比亞、剛果（金）、法國、德國、意大利、日本、約旦、肯尼亞、利比里亞、尼日利亞、巴勒斯坦、秘魯、塞內加爾、塞拉利昂、突尼斯、烏干達和英國。另外，如果聯合國安全理事會認為某種情勢威脅國際和平與安全，它可以將其提交給法院檢察官進行調查並最終提起訴訟。2005 年達富爾（蘇丹）情勢和 2011 年利比亞局勢便屬於這種情況。

第一個被國際刑事法院定罪的是托馬斯・盧班加・迪伊洛（Thomas Lubango Dyilo）（來自叛亂組織剛果愛國解放力量）；2012 年，他因徵募 15 歲以下兒童並利用他們積極開展敵對行動（詳見圖 6）被判處 14 年監禁。第二個被定罪的是熱爾曼・加丹加（Germain Katanga），他於 2003 年

圖 6　剛果（金）的童兵

2月24日在對剛果（金）伊圖里地區的博戈羅村（Bogoro）實施的攻擊中犯有一項危害人類罪（謀殺）和四項戰爭罪（謀殺、攻擊平民、破壞財產和搶掠），因此被判處12年監禁。

《國際刑事法院規約》，第七條，危害人類罪

（一）為了本規約的目的，"危害人類罪"是指在廣泛或有系統地針對任何平民人口進行的攻擊中，在明知這一攻擊的情況下，作為攻擊的一部分而實施的下列任何一種行為：

1. 謀殺；

2. 滅絕；

3. 奴役；

4. 驅逐出境或強行遷移人口；

5. 違反國際法基本規則，監禁或以其他方式嚴重剝奪人身自由；

6. 酷刑；

7. 強姦、性奴役、強迫賣淫、強迫懷孕、強迫絕育或嚴重程度相當的任何其他形式的性暴力；

8. 基於政治、種族、民族、族裔、文化、宗教、第三款所界定的性別，或根據公認為國際法不容的其他理由，對任何可以識別的團體或集體進行迫害，而且與任何一種本款提及的行為或任何一種本法院管轄權內的犯罪結合發生；

9. 強迫人員失蹤；

10. 種族隔離罪；

11. 故意造成重大痛苦，或對人體或身心健康造成嚴重傷害的其他性質相同的不人道行為。

截至本書寫作之時，檢察官還在調查烏干達、剛果（金）、中非共和國、肯尼亞、利比亞、科特迪瓦和馬里的局勢。此外，檢察官正在審查對發生在洪都拉斯、烏克蘭、伊拉克和巴勒斯坦領土犯下的國際罪行的指控。檢察官評估阿富汗、格魯吉亞、幾內亞、哥倫比亞和尼日利亞是否進行了真正的國內訴訟。

並非沒有人批評國際刑事法院。國際刑事法院對烏干達反叛組織聖靈抵抗軍（Lord's Resistance Army）領導人的逮捕令公佈後，一些人認為，該法院的存在擾亂了和平談判，引發了新一輪暴力，並使潛在證人面臨不可接受的風險。另一種批評意見認為，該法院將焦點從需要正視自身歷史的社區上轉移開來，拖延了可能贏得人民信任的國家法律體系的發展。最後，批評者還提及了對非洲的關注，指出了審判進程緩慢的問題。這些問題都值得考慮，但不能指望法院會在全球範圍內圍剿世界上最惡劣的國際罪行。國際刑事法院的存在顯然不足以遏制惡性侵犯人權的趨勢——實際上，未來幾年只有少數人會受到審判。儘管如此，我們還是希望某些地方的某些人能夠被勸阻，不要侵犯人權。重要的是，每個人都需要被告知，他或她最終可能成為這個國際法院的被告。也許同樣重要的是，在國內外的法院被提訴訟的可能性已大大提高了。

萊姆金的想法可能超越了他們的時代，但如今，將威脅定性為國際罪行的想法在負責人權保護的專業人士中佔據了主導地位。國際人權調查和新聞稿經常表達對可能發生的國際罪行的關切。2004 年至 2014 年任命的三名聯合國人權事務高級專員都擁有國際刑事法庭領域的經驗；主要的非政府組織有關於國際司法或國際罪行的方案；2014 年，非洲國家試圖在新的非洲司法和人權法院中增設一個刑事分庭。國際刑事起訴越來越被視為對不公正現象的公然回應。格里·辛普森（Gerry Simpson）甚至強調，那些反對軍事干涉（特別是 2003 年入侵伊拉克）的人現在認為此類行動引發了合法性、犯罪性和國際訴訟的問題。過去，批評者可能簡單地將此類軍事行動稱為 "錯誤"。

《世界人權宣言》

讓我們離開當代對國際罪行的起訴，轉到 "二戰" 結束之時。聯合國的成立標誌著國際社會開啟了一個對人權保護空前關切的時代。聯合國主持制定了一些促進和保護人權的重要文書。《防止及懲治滅絕種族罪公約》通過的第二天，聯合國大會公佈了《世界人權宣言》（*The Universal Declaration of Human Rights*），"作為所有人民和所有國家努力實現的共同標準"（詳見本書附錄）。由於放棄了確定人權的確切哲學根源，外交官們在《世界人權宣言》最終通過時的主要爭議源於共產主義集團與西方之間的對抗。蘇聯代表表示，希望更好地落實經濟和社會權利，但同時也擔心該宣言會被用於干涉國家主權事務。共產主義國家還抱怨《世界人權宣言》未能確保法西斯主義無法利用民主制度重新掌權。共產主義集團明確禁止法西斯主義者的言論自由。瑪麗·安妮·格蘭登（Mary Anne Glendon）在她引人入勝的有關《世界人權宣言》起草歷史的描述中，強調了蘇聯人對納入離開自己國家的權利的關注，並擔憂該宣言未能從國家法律允許的角度界定這些權利。

對《世界人權宣言》重要性的評估一定會得出這樣的結論：無論是在傳播人權哲學方面，還是在出台鼓舞人心的法律文件和決定方面，該宣言都產生了巨大影響。它被翻譯成300 多種語言，一直是世界各民族和個人要求其權利得到尊重和保護的核心。若干國家的憲法引用了它的規定作為其權利法案的基礎，國內和國際法院也在其判決中援引了該宣言。聯合國成員國已經認識到，它們的人權義務現在是"毋庸置疑"的（詳見專欄 14）。

專欄 14

國家元首和政府首腦通過的世界首腦會議成果，2005

　　我們重申，我們各國莊嚴承諾履行義務，根據《憲章》《世界人權宣言》和有關人權和國際法的其他文書，推動所有人的所有人權和基本自由都得到普遍尊重、遵守和保護。這些權利和自由的普遍性是毋庸置疑的。

普遍性

現在的人權真的是普世的嗎？雖然非洲和亞洲各國政府目前確實接受了《世界人權宣言》，簽署並批准了各種人權條約，但這種流於形式的反應在以下兩個問題上並未能考慮文化差異：人權是什麼？哪些新義務可以被納入人權的範疇？阿卜杜拉希‧安‧納伊姆（Abdullahi An-Na'im）等學者認為，文化合法性的缺失問題可以通過基於當地接受的規範對行為進行跨文化評價來解決。正如他所說："我不僅相信普遍的文化合法性是必要的，而且相信通過對文化規範的開明解釋，來追溯發展它與基本人權的關係是可能的。"緊迫的問題是，我們現在如何建立對這些思想的普遍認可。

但是，即使人們努力爭取普遍接受尊重他人尊嚴的義務，各國政府在一些基本問題上仍然存在分歧。有些政府反對要求人權包括人民的"集體權利"（collective rights）或"群體權利"（group rights）概念。這種反對意見基於對人權應該是什麼的特定理解（例如，某些人以個人與國家間存在想像中的社會契約為出發點推導出人權）。它還出於這樣一種擔憂，即承認一個民族擁有集體人權將是邁向主張該民族有權建立自己國家的一步。同樣，當代關於經濟、社會和文化權利的辯論有時也會受到一些人的影響，這些人認為，人們不能將住房、健康和教育權利視為可依法強制執行的權利——對這些人來說，最好是將這些"所謂的權利"視為願望、公共政策目標或簡單的社會主義言論。但在今天，現在這些權利已經被載入公約，並與公民權利和政治權利那樣受到國際監督和投訴機制的制約。我們將會在第七章討論一些案例。

因此，即使各國政府顯然普遍接受人權，但在什麼是人權以及應如何實現人權方面，仍存在分歧。顯然，人權的實現應該從國家層面著手。國際人權法應該被納入國內法律秩序，以便權利有效，並為侵權行為受害者提供有效的救濟。毋庸置疑，這絕不是一個完美的過程，許多權利"在轉化的過程中消失了"。

此外，當我們從崇高的宣言邁向精細的執行和問責時，我們遇到的反應是，權利的實施必須考慮有關國家的文化和經濟情況。這種觀點有時被視為是給所謂的人權"普遍性"敲響了喪鐘。然而，如果認為人權可以或者應該脫離任何地方背景而運作，那就錯了。即使是一項已被接受的權利，如生命權的適用，也可能根據各國的具體情況而作出不同解釋。在最近一宗涉及兩個分居父母的冷凍胚胎糾紛案中，歐洲人權法院（The European Court of Human Rights）認為：

在歐洲對生命開始的科學和法律定義未達成共識的情況下，法院一般認為生命權何時開始的問題應交由各國自己決定。

對於銷毀胚胎是否構成對母親私生活受尊重權利的侵犯這個獨立的問題，國際法官存在分歧。他們再次主張，最好將該問題留給國內立法者處理，而不是由凌駕於人權原則之上的司法判斷來解決。在不同的國家，父親對胚胎植入同意的撤回影響不同。在歐洲國家間缺乏“國際共識”或“共同立場”的情況下，人權法院發現，根據《歐洲人權公約》，法院所適用的立法規定（要求在胚胎植入前得到父親的同意）屬於各國及其立法機構自由裁量的內容。簡而言之，人權法的確允許在不同文化背景和不同國家中適用不同的實施方法。當然，與此同時，每項權利都有一些核心內容，如果不尊重它們，就會遭到普遍的譴責。顯然，現在在任何地方任何時候都禁止危害人類罪和滅絕罪種族。與酷刑、奴役或強迫勞動相關的其他權利包括無法根據當地情況進行調整的核心內容。然而，當涉及言論自由、隱私、訴諸司法、食物、水、健康、住房和教育等權利時，我們將看到，問題變得更加複雜，因為我們需要考慮如何權衡相互衝突的利益。

兩個國際人權公約

在《世界人權宣言》獲得通過後，聯合國人權委員會開始著手以條約形式制定一個有法律約束力的文本，並制定相應的執行措施。各國政府已經決定，應該有一項具有約束力的多邊人權條約，以補充現有的《世界人權宣言》。由於將所有類型的權利都納入一項單一條約存在政治分歧，因此大會要求委員會起草兩項單獨的公約——一項關於"公民權利和政治權利"，另一項關於"經濟、社會和文化權利"。1966 年 12 月 16 日，大會通過了《經濟、社會及文化權利國際公約》和《公民權利和政治權利國際公約》。二者均於1976 年在相關國家生效。

《經濟、社會及文化權利國際公約》涵蓋教育、食物、住房和衛生保健等領域的人權，以及工作權和享有公正和良好工作條件的權利。成為該公約成員國的國家同意採取步驟，盡其所能逐步實現公約所載權利，並從一開始就接受，國家的義務範圍視條件而定。

《公民權利和政治權利國際公約》保障生命權、自由權、獲得公正審判權、自由遷徙權、思想和良知、和平集會權，以及家庭和隱私不受非法干涉的權利。它還禁止奴隸制，酷刑；殘忍、不人道或有辱人格的待遇和懲罰，以及因債務負擔而遭受的懲罰、歧視，任意逮捕和監禁。

兩項公約均以下列文字開頭：

> 所有人民都有自決權。他們憑這種權利自由決定他們的政治地位，並自由謀求他們的經濟、社會和文化的發展。

這兩項公約與《世界人權宣言》一起被稱為"國際人權

法案"。每個公約都有任擇議定書,在某一國家違反公約時允許個人向相關的聯合國監督委員會提出申訴。有 115 個國家接受了公民權利和政治權利相關的這一程序(《公民權利和政治權利國際公約》的任擇議定書於 1966 年與公約同時通過);20 個國家接受了經濟、社會和文化權利相關的這一程序(《經濟、社會和文化權利國際公約》的任擇議定書 2008 年才通過)。

在 20 世紀 50 年代,超級大國之間的意識形態和政治鬥爭主導了國際人權議程,並且推動戰後初期《世界人權宣言》通過的熱情逐漸耗盡了。然而,20 世紀 60 年代初期,聯合國的人權推動勢頭再次獲得了動力,這主要歸功於反殖民化運動。在聯合國成立時還處於殖民統治之下的大多數非洲和亞洲國家在此期間逐步獲得了獨立。其中許多國家由於其遭受的殖民歷史而對人權問題特別感興趣。聯合國成員國數量迅速增加了一倍,到 20 世紀 60 年代中期,發展中國家成為聯合國大會中最大的投票集團。這些國家的參與推動了聯合國人權活動的開展,並帶動國際人權議程朝著新的方向發展。

聯合國通過的其他人權條約

除了所謂的"國際人權法案"外,聯合國還制定了許多其他國際人權文件。我們會簡要提及其中的一部分。《消除一切形式種族歧視國際公約》（*The International Convention on the Elimination of All Forms of Racial Discrimination*）1969 年生效，該公約禁止：

> 基於種族、膚色、世系或民族或人種的任何區別、排斥、限制或優惠，其目的或效果為取消或損害政治、經濟、社會、文化或公共生活任何其他方面人權及基本自由在平等地位上的承認、享受或行使。

《消除對婦女一切形式歧視公約》（*The Convention on the Elimination of All Forms of Discrimination against Women*）旨在確保婦女在政治和公共生活、教育、健康，以及就業方面享有平等的機會。該公約於 1981 年生效，根據它的規定，各國還必須採取一切適當措施：

> 改變男女的社會和文化行為模式，以消除基於性別而分尊卑觀念或基於男女任務定型所產生的偏見、習俗和一切其他做法。

《禁止酷刑和其他殘忍、不人道或有辱人格的待遇或處罰公約》（*The Convention against Torture and Other Cruel, Inhuman or Degrading Treatment or Punishment*）於 1987 年生效。該公約包括對酷刑的定義（就該公約目的而言），

並堅持要求它的全部締約國承擔以下義務：採取措施防止在其管轄的任何領土範圍內出現酷刑的行為；不得將任何人遣返回有充分理由相信其會遭受酷刑危險的國家；確保可以在國內法院起訴發生在國外的酷刑行為。在本書第四章中，我們將探討禁止酷刑和其他不人道及有辱人格的待遇。

《兒童權利公約》（*The Convention on the Rights of the Child*）將兒童定義為"18歲以下的任何人，除非對其適用之法律規定成年年齡低於18歲"。該公約力求保護兒童免受特定行為對其福利之危害，包括經濟剝削、販運、非法使用毒品，以及一切形式的性剝削和性虐待。它的指導原則是必須考慮到兒童的最大利益、不歧視和尊重兒童的意見。該公約於1990年生效，已成為獲得最多國家批准的聯合國人權條約。聯合國成員國中，只有美國沒有批准。此外，羅馬天主教廷（梵蒂岡）、紐埃和巴勒斯坦國都已成為該公約的締約國。

《保護所有移徙工人及其家庭成員權利國際公約》（*The International Convention on the Protection of the Rights of All Migrant Workers and their Families*）於2003年生效。不幸的是，多數接受該條約義務的國家是遷徙工人輸出國，而不是接收國。這削弱了條約義務的效力和範圍，意味著那些接收遷徙工人的國家避開了該條約的約束以及受其監督機構監督的可能性。

2006年底通過了兩項新的人權條約。第一項是《殘疾人權利國際公約》（*The International Convention on the Rights of Persons with Disabilities*）。關鍵的權利涉及決策權、結婚權、家庭權、工作權，以及受教育權。國家有義務避免出現基於殘疾的歧視，並採取措施消除 "任何個人、組織或私營企業" 的歧視。第二項是《保護所有人免遭強迫失蹤國際公約》（*The International Convention for the Protection of All Persons from Enforced Disappearance*）。它確立了對強迫失蹤罪採取國家起訴和引渡措施的可能性。這個罪行被定義為：

> 由國家代理人，或得到國家授權、支持或默許的個人或組織，實施逮捕、羈押、綁架，或以任何其他形式剝奪自由的行為，並拒絕承認剝奪自由之實情，隱瞞失蹤者的命運或下落，致使失蹤者不能得到法律的保護。

即使長期以來的口號是，聯合國應減少 "標準制定" 而更多地關注 "實施" 標準，對 "新權利" 的主張也不會消失。除了土著人民的權利（現已載入 2007 年的《聯合國土著人民權利宣言》）之外，各國還在就制定 "老年人權利和尊嚴" 相關的文本進行討論。

學者們已經開始分析新的維權運動是如何形成的，以及它們成功的原因。一本名為《爭取新人權的國際鬥爭》（*The International Straggle for New Human Rights*）論文集著眼於最近的國際人權運動，包括以下內容：戰時強姦所生的兒童；印度賤民的權利；男女同性戀者的權利；愛滋病；殘疾人權利；女性生殖器切割；赤貧；以及水權。了解一個問題如何進入國際人權機構的視野可以讓我們了解當今的人權動態。柯利弗德‧鮑勃（Clifford Bob）的解釋如下：

> 首先，政治團體將長期感受到的不滿框定為規範性主張。其次，他們通過說服主要權利組織的守門人接受這些權利，將這些權利列入國際議程……第三，國家和國際機構常常在守門人和受害團體的壓力下接受新規範。最後，國家機構執行這些規範。

通過國際和區域監督保護人權

人權條約和宣言，以及美洲國家組織、歐洲理事會、非洲聯盟、阿拉伯聯盟和東南亞國家聯盟在區域層面的一系列平行發展，闡明了一系列權利，據說這展示了各國政府保護人權的意願。但是它們真的有用嗎？顯然，每天都有侵犯人權行為發生的事實表明，起草和簽署條約是不夠的。然而，為了使這些規定更加有效，我們已經付出了巨大努力，並在若干方面採取了措施。

第一，建立了專家監督機構，審議各國政府關於它們如何履行人權義務的報告。這包括兩到三天的"建設性對話"，最後由相關委員會出具"結論性意見"。一些監督機構還可以開展事實調查和國家訪問活動。在防止酷刑方面，歐洲理事會的專家機構可以對歐洲 47 個國家的拘留場所進行定期和臨時訪問（截至本書寫作之時，他們已經進行了超過 365 次的訪問），聯合國的監督委員會可以對批准相關公約的國家進行類似訪問（截至本書寫作之時，他們已經訪問了毛里求斯、馬爾代夫、瑞典、貝寧、墨西哥、巴拉圭、洪都拉斯、柬埔寨、黎巴嫩、玻利維亞、利比里亞、烏克蘭、巴西、馬里、阿根廷、吉爾吉斯斯坦、新西蘭、秘魯、加蓬、尼加拉瓜和阿塞拜疆的拘留場所）。

第二，多數人權條約規定，受侵害的個人能夠在國際層面上對國家提出申訴（通常僅能針對那些明確承認接受條約或相關議定書規定的"申訴權"的國家）。除了已經提到的兩項公約的議定書外，關於殘疾人、兒童權利和對婦女歧視的公約最近也補充了允許此類申訴的類似議定書。其他人權條約也包括允許個人申訴的機制。顯然，聯合國條約規定的申訴權未得到充分利用。部分原因可能是受害者擔心遭到報復，但還有一部分原因是人們並不知道可以據此提起申訴。儘管如此，那些擔心被驅逐或引渡到確實存在酷刑或死刑風險的國家的人使用了這些程序，有的成功了。

在此，需要特別提及歐洲和美洲人權法院以及歐洲、美洲人權委員會和非洲人權委員會等區域機構的出色工作。這些機構形成了令人讚歎的判例法，不僅使人們對人權的範圍有了更深入了解，還使一些保護更加具體，同時帶來了法律變化。儘管在大多數國家敗訴的案件中，判決僅涉及宣佈國家侵犯了人權並必須支付賠償，但在某些情況下，法院會命令不得將個人驅逐出境，或必須將其從羈押中釋放，甚至判定法律必須改變。

非洲現已設立人權和民族權法院，但是目前允許該法院受理個人或民間社會組織申訴的非洲國家相對較少（只有布基納法索、馬拉維、馬里、坦桑尼亞、加納、盧旺達、科特迪瓦）。阿拉伯聯盟已同意建立一個新的阿拉伯人權法院，該法院不允許在未經有關國家單獨同意的情況下提出申訴。東南亞國家聯盟新的人權宣言沒有規定申訴程序。

第三，將這些權利納入條約可以使受害者有能力提醒政府當局注意其相應的國際義務，這反過來又促使一系列要求和抗議在國家一級合法化，無論是藉助於司法程序或是其他程序。

最後，在某些情況下，諸如種族滅絕、酷刑和強迫失蹤，條約建立了起訴在本國境外被逮捕的個人的法律框架。禁止酷刑條約還被用來駁斥某些人享有此類訴訟的國際豁免權的法律主張（這就是皮諾切特參議員在倫敦被拘留時的情況）。

依靠這些條約來促進人權保護仍未令人滿意。對政府條約義務的履行情況的監督在很大程度上取決於自我報告和民間組織的"影子報告"。監督機構（由獨立專家組成）在分析一個國家的人權狀況，以及提出政府履行人權義務需要採取的步驟方面，做了很多令人欽佩的工作。但是，在國家堅決拒絕合作的情況下，監督機構只有將其公佈於眾的權力。當其他的報告將相關政府的問題揭露出來的時候，這種公開才會有效。

很難檢測這些條約的實際影響。評價原則的轉化是微妙的，並隨著時間推移而產生效力。我們永遠不會知道，官員們在採取違反人權條約的行動前三思而行的做法，在現實中實際避免了多少人權侵犯行為的發生。然而，有具體證據表明，聯合國監督機構報告中所載的建議以及區域機構和法院的決定和判決使情況發生了改善。有時，國家政策被重新考量，進而符合了人權原則；有時，個人申訴引起了法律和實踐的根本變化。

雖然美洲、歐洲和非洲機制可能是最完善的區域機制，但阿拉伯和東南亞地區商定的新文本的存在意味著，我們可能會看到人權思想的健康發展，其基礎是對人權的敏感性，這種敏感性更具有地方性，而不那麼依賴於這些文書是歐洲從"二戰"的創傷中遺留下來的思想。區域制度遠沒有反映全球制度，而是超越了普遍認同的範圍。《關於暴力侵害婦女行為的非洲議定書》（*African Protocol on Violence Against Women*）就是這樣一個例子。它對非洲的新立法產生了影響，代表了解決現代人權問題的新方法。文萊、柬埔寨、印尼、老撾、馬來西亞、緬甸、菲律賓、新加坡、泰國和越南通過的《東盟宣言》包括了對人權是否反映其文化觀持懷疑態度的國家。儘管新宣言被批評遺漏了某些權利，但它包括了關於偷渡或販運人口的創新條款，涉及販運人體器官、保護兒童免於淪為童工，以及一項要求東盟國家“在預防、治療、護理和支持包括愛滋病在內的傳染病患者方面，創造一個積極的環境，克服恥辱、沉默、否認和歧視”。隨著新挑戰的出現，新的支持者發現將他們的主張表述為人權問題是有幫助的，人權目錄將持續擴大。

第三章

人權外交政策
與聯合國的作用

3

有關人權條約文本及其國際監督的介紹令許多人感到不滿意。這些權利的執行在哪裏？雖然我們有法律框架和國際秘書處及非政府組織的報告，但是確保這些權利在實踐中得到實現的壓力在哪裏？當政府提出其外交政策與促進和保護人權相關時，到底意味著什麼？各國政府很少在對其他國家提起國際訴訟時於國際法庭上援引這些條約。很顯然，人權話語通常在法庭之外發揮作用，而且可以成為外交政策的一個重要因素，這在實際中意味著什麼呢？

外交政策與不干涉問題

一國可以合法地關注另一個國家對待其國民方式的想法，在國際關係領域中是相對較新的創舉。在 20 世紀的大部分時間裏，不干涉內政概念赫然聳立，這意味著人權問題不適合納入外交政策的議題（詳見專欄 15）。

保羅・賽格特（Paul Sieghart）
《人類的法定權利》序言

當我們追溯到"二戰"末期的時候，一個國家怎樣對待其公民完全屬於一國主權管轄範圍內的事務，而不屬於其國界以外任何人所合法關注的事項，這是在國際關係領域裏被普遍接受的一個理論。在 1936 年，假如一個來自國外的善意代表團就臭名昭著的紐倫堡法律及其用以迫害猶太人的方式向希特勒總理提出抗議的話，這位德國獨裁者可能會以一句經典的"這是對德國這樣一個主權國家內政的不法干涉"為由，指出這些法律完全是根據德國憲法的規定，由一個憲法上和法律上有權制定它們的議會通過的，而且它們及其適用問題都與任何多管閒事的外國人沒有關係，從而駁回這樣的主張。而且，依據當時的國際法，他完全是對的——如果同一時間一個類似的代表團向黨總書記約瑟夫・斯大林（Joseph Stalin）控訴蘇聯對富農的大規模破壞，他也會這樣回應。

塞繆爾・莫恩（Samuel Moyn）最近的著作試圖強調，即使《世界人權宣言》是將人權置於國家法律秩序之上和之外的一個分水嶺，但在他看來，直到 1977 年左右，人權才突然活躍在英語國家的舞台上，並在美國等國家的媒體和外交政策中扮演著重要角色（詳見專欄 16）。

塞繆爾・莫恩,《最後的烏托邦》

誠然,這場爆炸有許多催化劑:在冷戰之外尋求歐洲身份;政治家、記者和知識分子對蘇聯和後來的東歐持不同政見者的接納;越南危機後,美國外交政策向新的、道德化的自由主義轉變。同樣重要但更容易被忽視的是,形式上的殖民主義的結束和後殖民主義國家的危機,當然,這是西方觀察家眼中的危機。對於這場社會運動和以權利為中心的普遍討論的起源,最好的一般性解釋仍然是其他之前的烏托邦的崩潰,無論是基於國家的還是國際主義的。

今天,一些國家已經在其外交部設立了人權部門、人權諮詢委員會,甚至還有人權部長的職位。歐盟設置了一個人權事務特別代表的職位。當然,宣稱人權是外交政策的核心與實際改變決策方式是有區別的。重視人權肯定是現在國家間決策的一些領域要考慮的一個因素:加入某些國際和區域組織;貿易協定和關稅優惠;出口信貸擔保;武器轉讓;對外直接投資;與國際金融機構的合作;聯合國技術援助項目;開發工作;國際投資協定;海關共同體以及維護國際和平與安全。一個國家的人權記錄或聲譽都可能對上述任何一項工作產生不利影響。改善人權狀況的意願幾乎也已成為與其他國家達成各種協議的條件。一個明顯的例子是,尊重人權已成為加入歐盟的正式前提條件,而且歐盟對保加利亞和克羅地亞等國提出了詳細要求。

與這種明顯的進步形成對比的是，我們必須提醒自己，當與其他競爭性的"國家利益"發生衝突時，促進其他國家的人權在政府的優先事項中依然處於相當低的位置。這種情況會在多大程度上發生改變，取決於人們是否熱衷於要求他們的領導人遵守和重組這些優先事項的人權外交政策。

這方面，潛在的武器轉讓問題值得特別考慮，它可能導致對人權的嚴重侵犯。雖然各國已經就武器轉讓制定了自己的國內規則，但新的《武器貿易條約》於 2014 年 12 月 24 日生效，增加了對任何潛在武器轉讓的人權影響的關注。新條約禁止在明知武器或物品將用於實施滅絕種族罪、危害人類罪或某些戰爭罪的情況下進行任何轉讓。此外，如果出口品極有可能被用於實施或助長嚴重違反人權法的行為或販運人口罪，則不得批准出口。一些最大的武器出口國（法國、德國、意大利、西班牙和英國）已經同意接受該條約的約束。到目前為止，美國只是簽署了該條約，但其國內對攜帶武器權利的憲法保護的關注意味著將會有人反對受制於該條約，儘管美國有相當嚴格的法律來防止向侵犯人權者轉讓武器（詳見專欄 17）。

大赦國際，《武器貿易條約手冊》

美國是迄今為止世界上最大的武器貿易商，約佔常規武器轉讓價值的 30%。所以，它對《武器貿易條約》的立場至關重要。

關鍵客戶

美國向 170 多個國家供應武器。它已經限制向緬甸、中國、斯里蘭卡和津巴布韋以及受到聯合國武器禁運的國家轉讓武器。然而，它仍向包括伊拉克、以色列、斯里蘭卡、巴林、埃及和也門在內的國家供應武器，這些武器可能被用於嚴重侵犯人權。

不負責任的轉讓

美國是埃及和以色列的主要武器供應商，儘管抗議者遭到了暴力鎮壓，但美國仍向埃及和以色列出售大型武器以及小型武器、彈藥和化學製劑。美國還向也門供應小型武器、化學製劑和裝甲車，向巴林供應小型武器。它向哥倫比亞安全部隊提供武器、軍事援助和培訓，儘管它們持續侵犯人權。

人權外交政策的局限性

通過外交政策促進人權可能會受到多方面的批評。首先，某些國家作出反應，認為使用軍事力量的理由越來越正當。一些大國對 1998 年北約轟炸塞爾維亞（與科索沃有關）以及 2011 年北約干涉利比亞作出了強烈反應，儘管後者得到了安理會的授權。針對北約干涉利比亞，俄羅斯和中國的批評源於他們認為，英國、法國和美國的行動已經超越了它們宣稱的保護平民的任務範圍。俄羅斯和中國認為，這種干預被用來策劃政權更迭。儘管存在人道主義和人權危機，對敘利亞政府進行軍事干預的熱情並不高，2014 年出現了一個自稱為 "伊斯蘭國"（Islamic state，阿拉伯語縮寫為 DAESH）的邪惡武裝團體，這不僅導致了對侵犯人權行為的譴責，也導致美國和其他國家對該組織進行了有限空襲。

用人權證明使用武力的合法性由於以下因素而變得十分複雜。首先，許多情況下，進行干涉所需的必要武力可能弊大於利。人們在軍事干涉中被殺害；用多少死亡來挽救生命是正當的呢？即使在侵犯人權行為正實際發生的地方，人權活動家有時也並不支持以人權為名使用武力（詳見圖 7）。總部位於美國的人權觀察組織在 2004 年的《世界報告》中寫道：

> 既然戰爭支持者總是為戰爭尋求人道主義理由，那麼對該理由進行評估就變得越來越重要。我們得出的結論是，儘管薩達姆 · 侯賽因的統治十分恐怖，但入侵伊拉克不構成人道主義干涉。

圖 7 "反對以人權為名的戰爭"：在伯爾尼（瑞士）舉行的反對 2003 年伊拉克戰爭的示威遊行。

　　其次，人權外交政策的另一個問題是，各國政府討厭被那些似乎自身就不尊重規則的國家指手畫腳。今天，對美國的批評很可能會提及作為"反恐戰爭"一部分的臭名昭著的酷刑計劃和秘密轉移網絡。繼續使用無人機進行定點清除，以及未能處理那些未經審判仍被關押在關塔那摩灣的人，使得美國難以批評其他國家的人權記錄。其他被指控侵犯人權的國家，甚至是美國在"九一一"事件後侵犯人權行為同謀國家，也發現自己更難站在道德制高點上了。

當被告可以用證據確鑿的酷刑和虐待事件來反駁時，公眾對冷戰的人權譴責可能會顯得空洞。更普遍的情況是，被指控侵犯人權的國家仍然在保護自己的聲譽，這可能會讓那些選擇讓它們難堪的國家日子不好過。對批評的回應可能是在其他領域（包括貿易和軍事援助領域）的不合作。本來能夠通過的立法改革可能會被擱置——以此公示拒絕屈服於壓力。進入 21 世紀之後，還有一種處理方式是，外交部參與私下進行的"人權對話"，而不是公開的外交譴責。當然，這些對話的保密性使得很難評估其有效性。

很顯然，幾乎所有國家都必須權衡人權問題和其他利益。然而，一個政府能在多大程度上直言不諱，不僅取決於其他利益攸關方，還取決於其人民認為國外侵犯人權行為應該受到譴責的強烈程度。立即制止在另一個國家犯下的侵犯人權行為的可能性也許很小，但可能對該國政權合法性產生很大的影響，受害者和在當地為保護這些權利而鬥爭的民間社會團體也會受到鼓舞。

正是因為自下而上的騷動可能威脅到現有的權力關係，我們也許會見證對非政府組織的外國資助的新一輪打壓。一些新的法律對當地組織接受外國資金進行了限制（詳見專欄 18）。

《經濟學人》（2014），"對非政府組織的外國資助"

過去兩年，阿塞拜疆、墨西哥、巴基斯坦、俄羅斯、蘇丹和委內瑞拉都已經通過了影響接受外國資助的非政府組織的法律。大約還有十幾個國家計劃這樣做，包括孟加拉、埃及、馬來西亞和尼日尼亞。專注於民主建設和人權的非政府組織受到的影響最大，但是這種打擊也會影響到活躍在公共衛生等其他領域的其他非政府組織。

冷戰後的幾年裏，一些專制政府將歡迎外國支持和對非政府組織的資金，視作是贏取美國及其盟友好感的簡便方法。但是，非政府組織在 2004 年烏克蘭橙色革命中扮演的角色，其中包括一些接受由美國億萬富翁喬治·索羅斯（Georges Soros）創立的開放社會研究所（Open Society Institute）資助的組織，引發了態度的轉變。2015 年，俄羅斯總統弗拉基米爾·普京（Vladimir Putin）宣佈 "公共組織" 不能接受外國資助；2012 年開始，接受外國資助並從事廣義的 "政治活動" 的非政府組織必須被註冊為 "外國代理人"，這個詞幾乎意味著間諜活動。

2014 年，在非政府組織拒絕遵守上述規定之後，俄羅斯政府賦予其認定外國代理人的權力。上個月，聖彼德堡士兵之母組織（Soldiers' Mothers of St Petersburg），一個尋找據稱在烏克蘭受傷或死亡的俄羅斯軍人的組織，被宣佈為外國代理人，儘管它辯稱自己沒有接受任何外國資助。

許多新法律起草得很寬泛，對凍結外國資金的相關標準含糊不清。活躍在人權等敏感領域的俄羅斯非政府組織的辦公室遭到突襲，以尋找外國影響的證據。烏茲別克斯坦要求所有的外國捐款存入兩家國有銀行，很少一部分會從這兩家

銀行流出。在埃及，政府計劃進一步收緊已經很嚴格的關於
非政府組織資助的一系列法律，2011年，全球非政府組織
聯盟西維克斯（Civicus）向埃及非政府組織新婦女基金會
（New Women Foundation）頒發的5000美元"納爾遜·曼
德拉創新獎"（Nelson Mandela Innovation Award）獎金因
未指明的"安全原因"被凍結了。

在某種度上，今天實際上所有國家都有人權外交政策，因
為它們參與了聯合國人權辯論，接下來我們就討論這個話題。

今日聯合國與人權

早些時候，聯合國成員國成立了一個最初由9名個人
成員組成的委員會，被稱為"核心人權委員會"（nuclear
Commission on Human Rights）。這些人提議，未來的委員
會成員應該由"高度合資格的人士組成"，作為獨立專家"以
非政府代表的身份任職"，而不代表其政府的觀點。政府本
身拒絕了這一提議。作為該委員會上級機構的聯合國成員國
決定，新的人權委員會應該由將組成新委員會的18個成員
國的代表組成。

新委員會的議程隨著成員國之間權力平衡的變化而改
變。人權委員會最初幾年的工作重點是制定標準，它起草
了《世界人權宣言》和國際人權兩公約（《經濟、社會及文
化權利國際公約》和《公民權利和政治權利國際公約》）。

圖 8　五月廣場上的母親們。她們每週在布宜諾斯艾利斯的五月廣場上集會一次，要求為在 1976 至 1983 年阿根廷軍事獨裁期間 "失蹤" 的孩子們伸張正義。

20 世紀 60 年代，隨著發展中國家的成員的到來，南非的種族歧視、以色列的佔領問題成為人權委員會議程上的首要問題。由於對 1973 年智利發生的反對阿連德總統的社會主義政府的政變，以及隨後在智利和阿根廷發生的相關侵犯人權事件的關注，人權委員會的議程在 20 世紀 80 年代作出了調整，納入了對這些國家情勢的公開和秘密討論（詳見圖 8）。

　　委員會設立了一系列 "特別機制"，通過被提名擔任國家或專題任務專家的個人來監測被選定國家的侵犯人權行為。這些專家（也稱為 "特別報告員"）向聯合國相關機構提交報告。他們進行國別訪問，出具單獨報告；此外，他們還通過"緊急呼籲"和"指控函"與政府交流。這些"來文"提出對侵犯人權的指控，政府也會做出一些回應。2013年，此類來文涵蓋了 1520 人，回覆率為 45%。即使在那些傳真、信件和電子郵件被忽略或駁回的情況下，讓政府注意到聯合國監督機構已經注意到了相關情況的機制也促成了被拘留者的釋放和政策的改變。無論如何，這些無薪人權專家的工作提供了豐富的人權資訊、分析和建議（專欄 19 列出了迄今為止的專題任務清單）。

專欄 19

聯合國特別機制下的專題任務

強迫或非自願失蹤；法外處決、即決處決或任意處決；酷刑和其他殘忍、不人道或有辱人格的待遇或處罰；宗教或信仰自由；僱傭軍；買賣兒童、兒童賣淫和兒童色情製品；任意拘留；境內流離失所者；種族歧視和仇外心理；表達自由；發展權；暴力侵害婦女行為；法官和律師獨立性；結構調整政策和外債；有毒和危險產品及廢料；受教育權；武裝衝突中的兒童；受害者的賠償、補償和康復；極端貧困；移民；食物權；足夠的住房；人權捍衛者；土著居民；健康權；非洲人後裔面臨的種族歧視；人權與反恐；少數群體問題；國際團結；人口販運；人權與跨國公司和其他工商企業；奴隸制；水和衛生設施；文化權利；對婦女的歧視；和平結社和集會；促進民主和公平的國際秩序；真相、正義、賠償和保證不再發生（過渡時期司法）；可持續環境；老年人；隱私，以及白化病患者的人權。

2006 年，人權委員會被撤銷，取而代之的是人權理事會（Human Rights Council）。從 2001 年開始，人們開始意識到，一些國家成功地保護了自己及其盟友免受這個由 53 個成員國代表組成的機構的譴責。據稱，各國政府尋求通過選舉進入委員會，提出程序性動議以阻止行動和交換選票，以便使自己免遭譴責。

這個聯合國機構在審查國家情勢時變得有選擇性，因為進行選擇的國家也是應該受到譴責的國家。評論家們以老生常談的方式反覆指出，這是讓狐狸看護著雞窩。

由此導致的改革集中在使政府更難當選為這個聯合國人權機構的成員。其結果並不像一些人期待的那樣顯著；但事實是，根據新的規則，一些原本可能當選的國家未能成功入選。在討論斯里蘭卡和白俄羅斯的候選資格時，民間社會運動高漲，使得敘利亞和蘇丹感到有必要撤回其候選國資格。

新的人權理事會有一個創新之處值得考察。它創建了一個名為 "普遍定期審議" 的新程序。人權理事會現在審議每個聯合國成員國履行其所有人權義務和承諾的情況。這意味著某些有影響力的國家再也無法逃脫審查。世界各國都要在總共長達 4 個半小時的會議中接受審查。涵蓋聯合國全體會員國的週期大約需要 4 年半的時間。每個國家都有權向接受審議的國家提出問題和建議（當然，這僅限於幾分鐘的發言）。這些建議和被審議國家相關政府官員的答覆都在網絡上直播。雖然大部分交流最好被描述為 "外交"，甚至有些建議比其他建議更有意義，但普遍定期審議已成為非政府組織、各國政府和聯合國本身採取後續行動的跳板。

初步調查結果表明，已經採取了具體步驟，加強與聯合國監督機制的接觸，開展了有限的法律改革，並加強了與民間社會接觸。雖然各國仍然可以自由地接受或拒絕建議，但通過該審議程序，我們已經從前幾年的集團政治中看到了重大改變。每項建議均由一個政府提出，並針對一個國家，甚至是特定的部委。人們的期望是，在實際審議的儀式性氛圍之外，所有各方都會對這數百項雙邊建議採取後續行動。也許這一過程最不起眼但最終引人注目的一點是，每個接受審議的國家都出具了公開報告，概述了它面臨的人權問題。其中不僅包括被審議國提交的報告，還包括非政府組織和聯合國自己的報告提出的問題的摘要。結合建議清單和國家關於落實情況的後續報告，這份文件為世界上每個國家正在發生的人權問題提供了一個相對容易理解的描述。

第二，新規則使得聯合國機構召開特別會議變得容易得多。特別會議可由一名成員提出，得到三分之一成員的支持便可召開。換句話說，獲得 47 票中的 16 票就足夠了。人權理事會已經舉行了 20 多次特別會議，使人權問題能夠在一整天的時間裏得到討論。有趣的是，焦點不再局限於政府，人權理事會最近一致譴責了非國家行為體犯下的侵犯人權行為，例如自封的 "伊斯蘭國"（詳見圖 9 和專欄 20）或最近的博科聖地（Boko Harem）。

圖 9　"伊斯蘭國"的處決現場

從所謂的 "伊拉克和黎凡特伊斯蘭國"（Islamic State in Iraq and the Levant）及相關團體犯下的侵犯人權行為看伊拉克的人權狀況，聯合國人權理事會決議（2014）

　　最強烈地譴責所謂的 "伊拉克和黎凡特伊斯蘭國" 自 2014 年 6 月 10 日以來在伊拉克多省實施的恐怖主義行為所導致的系統性地侵犯和踐踏人權以及違反國際人道主義法、可能構成戰爭罪和危害人類罪的行為；尤其強烈譴責所有基於宗教或族裔歸屬而針對個人的一切暴力行為，以及針對婦女和兒童的暴力行為。

當然，每當有人試圖譴責一個政府時，政治都會發揮作用。在這種情況下，不可避免地會有抵制，不僅來自受到攻擊的政府，還來自其盟友，它們認為自己是在防範對主權的干涉。一些國家已經能夠通過外交攻勢或找到志同道合的國家來抵抗這種"干涉"，從而避免遭到批評。在 2009 年關於斯里蘭卡的特別會議上，安理會沒有譴責斯里蘭卡政府的任何違法行為，只是鼓勵它繼續與聯合國合作。但是之後關於斯里蘭卡情勢的聯合國報告描繪了一幅數十萬平民受到影響的嚴峻景象，以及聯合國成員國和聯合國官員當時未能對抗政府的情況。後來，理事會另外一部分多數成員接受了這一挑戰，呼籲人權事務高級專員監測該局勢，對"斯里蘭卡兩黨涉嫌的嚴重侵犯和踐踏人權的行為及相關罪行"進行調查，以期"避免有罪不罰現象，確保問責制"。此類決議是有爭議的（詳見圖 10），但卻重新建立了人權理事會，使之成為一個最終能夠引發某種問責的調查論壇。

也許同樣重要的是，人權理事會的行動推動了正式會議之外的後續行動和審查。本章前面描述的普遍定期審議本質上是國家之間的一系列雙邊交流。會議結束後，一些提出建議的政府將通過其駐受審議國家的大使館跟進這些建議，並真誠地尋求改善。人們既不能通過為了網絡錄製而進行的公開交流，也不能通過建議被正式接受或拒絕的數量來判斷普遍定期審議的有效性，而應該通過受審議國家實際推動的人權進步來判斷。一些國家相當全面地公佈了它們為回應建

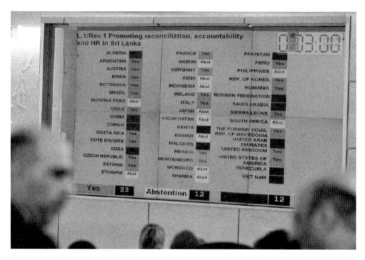

圖 10　人權理事會照片：2014 年斯里蘭卡決議的投票情況，23 票支持，12 票棄權，12 票反對。

普遍定期審議成為 "普遍讚揚審議"。沃爾特‧卡林（Walter Kälin）強調了普遍定期審議給雙方帶來的儀式主義危機："它為人權記錄不佳、承諾不高的國家提供了一個機會，使他們僅通過參與普遍定期審議和接受建議就可以聲稱自己致力於保障人權。" 他認為，當提出建議的國家的外交官不再研究被審議國家的人權狀況，"而是一成不變地提出相同的（無力的）建議" 時，它們就陷入了儀式主義。

　　媒體關注諸如人權理事會之類的聯合國機構的工作業績，但把注意力集中在聯合國外交官的行為上，就會忽略了聯合國在人權方面的許多活動。除了通過專家條約機構和特別程序對各國進行監測外，聯合國還在更重要的框架下擴展議而採取或未採取的措施，這已經擴展出了所謂的 "中期報告"，即由一個非政府組織——普遍定期審議資訊（UPR Info）進行 "中期實施評估"。早期結果表明，確實有一些措施得到了實施（詳見專欄 21），並且在某些情況下，民間社會受到了更認真的對待，享有了更多參與決策的機會。挑戰在於保持這一過程的包容性、具體性和嚴肅性。

今天，與其說聯合國面臨的問題在於辯論淪為意識形態的謾罵比賽或不同集團的勾心鬥角，倒不如說在於人們傾向於浪費時間頌揚意氣相投的政府，而這些政府本可以從一種更加誠實的批判方式中受益。要保證有效性就需要時刻警惕

普遍定期審議資訊，"超越承諾"

總體而言，引發後續行動數量最多的建議與婦女權利、國際文書和兒童權利等問題相關，但在這些類別中，執行比例最高的是與愛滋病毒／愛滋病、人口販運和殘疾人相關的建議。另外，未執行比例最高的是與遷徙自由、土地權和死刑相關的建議。

根據《中期實施情況評估》資料，我們現在知道，我們收到評論的 48% 的建議（超過 11500 項建議）中，行動是在中期啟動的。這意味著 48% 的建議在審查兩年半後被部分或全部執行。兒童、少數群體、婦女、殘疾人等各種弱勢群體狀況真正得到了改善。普遍定期審議的潛力尚未被充分發掘，但利益攸關方正在不斷吸取經驗教訓，改進方法。

了對人權的關注範圍。首先，進行了許多具有人權色彩的聯合國實地行動。這些行動的任務是提供保護，監測當地局勢並提供援助。這些行動與被授權保護平民的維和行動一起，在保護人權和改善當地情況方面取得了一些成功。其次，聯合國兒童、婦女、健康、發展等方面的項目和基金已經開始將人權原則作為其工作的基礎。

有時，聯合國的工作甚至可以超越成員國明確同意的範圍。我們在這裏可以發現一種對人權的“超國家”態度。聯合國秘書長、聯合國人權事務高級專員、歐洲理事會人權事務專員以及國際及區域組織秘書處的其他高級官員，其運作方式可以超越僅僅履行某一特定政府集團規定的任務。當政府不願意出頭露面時，他們可以大聲疾呼。這在很大程度上取決於有關政府間徵聘的個人的決心。

為了說明這一點，讓我們來看下面的插曲。時任聯合國人權事務高級專員瑪麗·羅賓遜（Mary Robinson）於 1999 年發表了關於車臣的聲明，對“不分青紅皂白和不成比例地使用武力造成大量平民傷亡”這一事實表示關切。在當時的國家間層面上，沒有任何政府間機構能夠號召多數國家表達類似程度的關切或採取具體行動。

很明顯，即使是奉行明確人權外交政策的美國，有時也會將自己的做法與聯合國人權事務高級專員的做法區分開來。政府可能會覺得有必要“毫不留情”地教導其他國家如何行事，或抗議另一個國家安全部隊侵犯人權的行為。據

《紐約時報》報導，在美國國務卿的非洲之行中，該團隊一名成員宣稱："我們不做瑪麗·羅賓遜。"該報導繼續暗示聯合國人權事務高級專員不會再有其他議程了。在當今的非洲，美國還有許多其他利益，包括促進穩定與安全，這通常意味著要使用不被人權組織認可的方法。

事實上，像人權事務高級專員辦事處這樣的聯合國機構沒有戰略性的軍事或貿易利益，這意味著，人權問題仍有可能被指出，即便是在它被外交考量排除在外的情況下（即使是在像人權理事會這樣的機構，應該是討論這些問題的論壇）。當然，人權事務高級專員辦事處會覺得，它必須在政府可以接受的範圍內工作，否則就有可能失去預算經費、合作和支持。但是，人權事務高級專員辦事處已經開闢了一定的空間，可以發出自己的聲音，應該期望其對在任何地方發生的侵犯人權行為表達關切，甚至是憤慨。在過去幾十年裏，該機構的規模和抱負越來越大。截至本書寫作時，該機構在日內瓦總部已擁有 500 多名職員，在世界各地派駐了約 1350 名職員，開展實地工作、和平行動或執行政治特派團的任務；辦事處的年度預算約為 2 億美元。

第四章

酷刑罪

4

正如我們在第三章看到的那樣，一些侵犯人權的行為會在國際層面引發個人刑事責任。這不僅賦予了政府調查和起訴的義務，也意味著個人可能在其國家之外遭到逮捕和起訴。我們已經提到了戰爭罪，並解釋了滅絕種族罪和危害人類罪的定義。這些罪行有時已在國際法庭遭到起訴，有時偶爾在國內法院被起訴。現在我們應該考慮的是酷刑罪。聯合國禁止酷刑公約對酷刑的禁止是用絕對性的術語表達的："任何特殊情況，不論是戰爭狀態、戰爭威脅、國內政局動盪或任何其他社會緊急狀態，均不得作為施行酷刑的理由。"但我們看到，不幸的是，酷刑在世界各地仍舊時有發生。為了更好地理解酷刑帶來的挑戰，需要回顧一下它的歷史。

酷刑的目的是多種多樣的。在某些情形下，酷刑被認為是獲得法庭審判必要證據和供詞的有效方法。儘管英國普通法禁止了酷刑，但是有一項例外流程曾經允許國王通過星室法庭（Star Chamber）簽發 "酷刑授權令"。1605 年因企圖炸毀國會大廈而被捕的蓋伊‧福克斯（Guy Fawkes）是受到這種處置的最著名的人物之一。他在遭到嚴刑逼供後，交代了同夥的姓名（詳見專欄 22）。然而，這種調查形式被視為國王濫用權力的典型，所以在 1640 年與星室法庭一起被廢除了。儘管依據歐洲大陸的羅馬教會法傳統，通過刑訊逼供獲得的供詞依然是有效的證據，但是這種做法越來越被認為不僅不可靠，而且對無辜者是不公平的。

A 訴內政大臣案（A v. Secretary of State for the Home Department）中霍普勳爵（Lord Hope）的觀點（2005）

四百多年前，1605 年 11 月 4 日，蓋伊·福克斯被抓獲，他當時正在準備炸毀第二天要舉行會議的國會大廈，與他在一起的還有國王和其他所有聚集在那裏的人。兩天後，詹姆士一世發佈命令，批准動用酷刑迫使福克斯承認罪行並供出其同謀的名字。他在信中稱，首先要對他動用"溫和的折磨"，然後行刑者採用最嚴厲的折磨，直到從他口中獲得相關資訊。1605 年 11 月 9 日，他以勉強可辨的簽名在認罪書上簽字，並提供了其他同謀者的姓名。1606 年 1 月 27 日，福克斯和其他七名同伴在威斯敏斯特大廳受到一個特別委員會的審判。在審判中，向他們出示了他們各自承認叛國罪的簽名供詞，他們確認了這是自己的供詞，並宣讀給陪審團聽。

在當代，我們已經看到殘暴的政權如何認為酷刑會提醒持不同政見者和普通民眾誰才是統治者——以及誰決心繼續掌權。20 世紀 70 年代，大赦國際等組織領導的一場反酷刑運動成功地強調了酷刑問題，推動了相關規範的制定，引發了對酷刑問題刑事方面的重點關注，促進了監督機制的建立。在揭露希臘軍政府掌權期間實施的酷刑的基礎上，這場運動激發了人權委員會謹慎的外交官之外的普通人的熱情。第一個在向聯合國大會提交的請願書上簽字的是歌手瓊·貝茲（Joan Baez），在 1973 年的倫敦演唱會上她宣傳了這份請願書。該請願書最終收集了超過 100 萬個簽名；帶動公民參與其中，向政府施加壓力，要求在聯合國大會上通過所需要的宣言。該運動與犯罪和醫療倫理領域的政府技術委員會合作，從而將人權以外的其他領域納入外交政策之中。

最終的宣言於 1975 年通過，"作為指導各國和其他實體有效行使權力的指導方針"。儘管國家應根據國內法將酷刑和共謀酷刑定罪，但該宣言並未將酷刑作為一個國際刑法問題來解決。10 年之後，1984 年，各國才通過了《聯合國禁止酷刑公約》。該公約規定，發現被指控的實施酷刑者的國家有引渡或將案件提交給檢察官的義務。實際上，這使得對酷刑的刑事起訴國際化，將這種侵犯人權的行為提升到了國際刑法的範疇。

皮諾切特（Pinochet）參議員之所以在倫敦遭到逮捕和拘禁，是由於適用該公約所載規則而造成的；最近我們看到，英國法院在處理對巴林王國皇家衛隊指揮官哈利法（Al Khalifa）親王的酷刑指控時，適用該公約推翻了豁免主張。該公約還為在塞內加爾逮捕乍得前總統侯賽因·哈布雷（Hissène Habré）提供了依據，以期最終以酷刑罪對他提起訴訟。此外，2005 年，阿富汗叛亂首領法里亞迪·扎達德

（Faryadi Zardad）在倫敦老貝利街中央刑事法庭被判酷刑罪和劫持人質罪，並被判處 20 年監禁；2009 年，一個美國法院以酷刑罪判處查基·泰勒（Chuckie Taylor，利比亞前總統的兒子）97 年監禁。這些案件提醒我們，儘管只有少數參與酷刑的領導人在國外被逮捕和審判，但任何曾經侵犯人權的人最終都有可能被追訴。最近，即 2012—2014 年，數百名阿根廷前官員因右翼軍政府統治期間（1976—1983 年）的酷刑、綁架和謀殺行為而受到審判。許多人被判處終身監禁，包括因參與秘密拘留、酷刑、滅絕種族的活動而被起訴的人。

"反恐戰爭" 中的酷刑

現在讓我們來了解一下，最近對酷刑的絕對禁止面臨怎樣的壓力。在 2001 年美國遭受令人震驚的 "九一一" 恐怖襲擊後，有人試圖用一種特別狹窄的方式定義酷刑。美國司法部在 2002 年的一份備忘錄中將酷刑嚴格地解釋為故意施加的 "折磨人的" 或 "難以忍受的" 痛苦。一系列政策為後來的酷刑計劃和多起虐囚事件鋪平了道路。還有備忘錄表明，憲法禁止酷刑的規定不適用於國外的他國敵方戰鬥員，總統可以 "凌駕於" 國際法之上。當受虐待的伊拉克囚犯的照片出現，清楚明顯地證明了他所遭受的屈辱時，許多人指責政策制定者以及名譽掃地的獄警（詳見圖 11）。

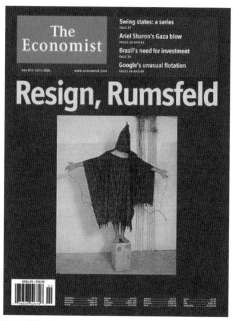

圖 11　虐待和羞辱伊拉克囚犯的照片在世界各地播放。頭戴面罩的男子站在裝有電線的箱子上的照片成為在伊拉克侵犯囚犯人權的象徵。

　　這一醜聞震驚了政界兩黨，奧巴馬總統上任後立即否認了之前所有的備忘錄。後來，他解釋道，酷刑不僅沒有效果，還會適得其反，因為它使駐伊拉克和阿富汗的美軍處於暴力危險之中。儘管如此，奧巴馬表示，他相信 "我們需要向前看，而不是向後看"，隨後美國政府得出結論，沒有足夠的證據來起訴中央情報局的審訊人員。參議院情報專責委員會（Senate's Select Committee on Intelligence）最終於2014 年發佈了一份關於中央情報局拘留和審訊計劃報告摘要的修改版本，引發了一場激烈爭論，爭論的焦點似乎是中央情報局的計劃是否確實提供了有用的情報。這一問題在很大程度上取代了起訴肇事者相關的討論。尊重人權意味著嚴禁一切形式的酷刑、不人道或有辱人格的待遇。通過酷刑是否能獲得情報並不重要，即使這些情報可能被視為解除"定時炸彈"的唯一方法。

2009 年 5 月 21 日，奧巴馬總統在一次演講中提到：

> 我知道，有些人認為水刑這類殘酷手段對於保證我們的安全是必要的。我完全不同意。作為總司令，我看到了情報。我有責任維護國家安全。我堅決反對這些是最有效的審訊手段的說法。更重要的是，它們破壞了法治，令我們被其他國家疏遠。它們成為恐怖分子招募新成員的工具，增強了敵人與我們作戰的意志，同時削弱了其他國家與美國合作的意願。它們使我們的軍隊冒著生命危險，降低了其他國家在戰鬥中向我們投降的可能性，增加了美國人在被俘後受到虐待的風險。簡而言之，它們沒有推進而是破壞了我們的反恐戰爭和相關工作，這就是為什麼我要徹底地結束酷刑。

加拿大和英國等其他國家發現，它們自己因為幫助或縱容美國和其他國家在反恐戰爭中使用酷刑審訊嫌疑人而被起訴。英國制定了指導原則，指導軍事人員在認為存在"第三方"實施酷刑、不人道或有辱人格待遇的風險時如何應對。該指導原則還詳細規定了被禁止的待遇形式（詳見專欄 23）。

英國 2010 年的《詢問被拘留者與傳遞和 接收情報指導原則》

酷刑

　　根據英國法律，酷刑被定義為犯罪行為，即公職人員在履行或聲稱履行其職責時故意造成嚴重的精神或身體疼痛或痛苦。

殘忍、不人道或有辱人格的待遇或處罰（CIDT）

　　殘忍、不人道或有辱人格的待遇或處罰是一些國際條約中使用的術語，但英國法律中沒有定義。在本指導原則中，英國政府認為以下做法（並非詳盡清單）可能構成殘忍、不人道或有辱人格的待遇或處罰：

　　（1）強迫保持某種姿勢；

　　（2）剝奪睡眠；

　　（3）遮擋視線的方法（除非這些方法不會對被拘留者的身體或心理健康造成危害，而且出於逮捕或押送期間的安全考慮是必要的）以及戴面罩；

　　（4）任何形式的身體虐待或懲罰；

　　（5）不提供食物、水或醫療幫助；

　　（6）有辱人格的待遇（性尷尬、宗教嘲諷等）；

　　（7）故意使用"白噪音"或其他噪音。

通過酷刑搜集的情報

　　今天，強制性對待的目的不再真的是像蓋伊・福克斯案中那樣獲取審判用的供詞，人們普遍承認的是，幾乎沒有法律制度規定通過此類方式取得的證據應該被法庭認可。據稱，酷刑的目的是收集關於恐怖組織的情報，預防未來的襲擊。這使我們回到定時炸彈場景下的那個問題：避免恐怖襲擊能夠令一些酷刑或虐待事件合法化嗎？媒體不厭其煩地在動作電影中向主人公呈現這一困境，2014 年中央情報局前局長公開援引這一場景為其"九一一"事件之後的行動辯護。

對少數人實施酷刑能夠拯救許多無辜者生命的論點被不斷重複。有人提出了一些反對意見。第一，據說通過酷刑獲得的資訊並不可靠，因為受害者為了避免痛苦什麼話都會說。所以，酷刑更有可能提供錯誤的線索，而不是幫助調查。第二，一旦允許在特殊情況下使用酷刑，酷刑的使用就會蔓延開來，而且我們就會陷入"滑坡效應"之中，酷刑被視作正常行為，甚至是意料之中的事情。第三，有人認為酷刑在任何情況下都是錯誤的，因為它否定了整個社會的存在就是為了確保我們互相尊重彼此的價值和尊嚴。

然而，即使所有支持和反對酷刑的論戰都已展示過了，酷刑被法律正式禁止之後，為酷刑辯護的觀點還是悄悄溜回了現在的討論中。有人主張，在對酷刑實施者進行刑事審判時，"必要性"可以成為一種可能的辯護理由。這是 1999 年以色列最高法院宣佈的觀點，即國家安全局沒有權力使用諸如搖晃身體之類的暴力審訊手段。類似地，當警察被發現曾經以酷刑相威脅從而使嫌疑人供出被綁架兒童的位置時，一個德國法院選擇將施虐者挽救生命的意圖認定為減輕刑罰的條件，因此判處了警告和暫緩罰款，沒有施加更嚴峻的刑罰（詳見專欄 24）。

弗洛里安 · 傑斯伯格（Florian Jessberger），
"酷刑是好還是壞？"

2002 年 9 月 27 日，一名法律專業的學生馬格努斯 · 蓋夫根（Magnus Gäfgen）綁架了 11 歲的雅各 · 馮 · 梅茨勒（Jakob von Metzle）——一名銀行高管的兒子，在自己的公寓裏殺害了他，並把屍體藏在法蘭克福附近的一個湖邊。按照他的計劃，他給男孩的家屬發了一封信，索要一百萬歐元作為釋放這名兒童的贖金。該兒童失蹤三天後，蓋夫根在收取贖金時被捕。訊問期間，嫌疑人閃爍其詞，對綁架行為進行誤導性回答，並且沒有説出那名男孩的下落和健康狀況。最後，在他被捕後第二天，負責此次調查的法蘭克福警察局副局長沃爾夫岡 · 達施納（Wolfgang Daschner）下令，在進行醫療觀察並提前警告的前提下對他施加酷刑但是不能造成傷害，以解救被綁架的男孩。據此，一位下級警察告訴被警局拘留的蓋夫根，如果他繼續隱瞞男孩下落的話，警察就準備令他感受 "難忘" 的痛苦。在威脅下，蓋夫根供出了關於男孩下落的全部細節。於是，對他施加真正的酷刑就沒有必要了，實際上，一位受過專門訓練的警官被請來準備對他施加酷刑。不久之後，警察找到了男孩的屍體……

判決的結論是，該行為既不能被證明為合法，也沒有任何正當理由，兩名被告都應該承擔刑事責任。

然而，法院發現了有利於兩名被告的 "重大減輕處罰情節"。判決特別提到了被告的目的是拯救男孩的生命，但也提到審訊中嫌疑人的挑釁行為、緊張的氛圍、對調查人員的巨大情感壓力，以及被告犯罪行為的後果，尤其是相關事件受到的公眾關注程度。

最近，加拿大關於酷刑的指導原則似乎接受了這一觀點——極少數情況下，在生命或財產面臨嚴重威脅時，通過酷刑搜集的情報必須被合法共用。2010 年版《加拿大安全情報局部長指示》（*Ministerial Direction to the Canadian Security Intelligence Service*）規定：

> 在特殊情況下，加拿大安全情報局可能需要共用其掌握的最完整的資訊，包括可能通過虐待（酷刑或其他殘忍、不人道或有辱人格的待遇或處罰）從外國主體處獲得的資訊，以便在風險實現之前減輕傷亡或重大財產損失的嚴峻風險。在這些罕見的情況下，僅僅因為情報的來源而忽視它們將會給公共安全帶來難以接受的風險。

所有這些都告訴我們，官員們並不能真的授權自己實施酷刑。今天，沒有法官準備找理由為酷刑辯護。這不僅僅是因為酷刑被人權法所禁止——還有更深層次的問題。對酷刑的禁止如此絕對的原因取決於看待該問題的不同方式。一些人認為，以如此明顯的不人道的方式對待其他人令人反感，難以接受；其他人認為，它否認了我們組成的社會，以及任何有意義的法律都應該保護我們免受他人的侵害。對許多人來說，即使有時在暫時的痛苦和拯救生命的預防行為之間，天平可能傾向於支持某些酷刑，但明智的做法是，在任何時候都應禁止酷刑，否則所有類型的囚犯都會面臨酷刑風險——這會進一步引發仇恨，或者引發以酷刑實施者想要保護或拯救的人為目標的暴力行為。然而，這些觀點都不能說服那些相信用一點兒粗暴手段（或者酷刑）就能拯救生命的人。而且，正如我們剛剛看到的那樣，一些法律制度已經找到了以保護他人生命為由保護從事這項骯髒工作的人的途徑。

政治家和實際上對這些計劃負責的人認為，在酷刑受害者的福祉和拯救生命的願望之間進行權衡是合適的。這種方法與目前絕對禁止酷刑的理解不符。確實，堅持完全禁止酷刑表明了我們對人權價值的追求。最後，我想說的是，我們對民主和人類尊嚴的雙重承諾是繼續徹底禁止酷刑的基礎。用政治哲學家史蒂文·盧克斯（Steven Lukes）的話來說：

> 酷刑是雙重邪惡的，它結合了隱瞞之惡和暴力之惡——尤其是針對無防禦之力者的暴力。酷刑首先是反民主的，阻止我們達成一個集體的判斷；其次是反自由的，如果有的話，就構成了對人的尊嚴的侵犯。

禁止使用通過酷刑獲取的證據這一次級規則已經成為了近期多數爭論的焦點，揭示了我們在消滅酷刑和其他形式虐待的路上預備走多遠。正如已經闡明的那樣，沒有人真的指望利用通過酷刑獲得的證據為恐怖分子或綁架嫌疑犯定罪。

問題是，這些利用酷刑獲得的情報不用於定罪的話，能否被當作繼續羈押恐怖分子嫌疑人的理由。2005 年年末，英國上議院做出了一份具有里程碑意義的判決，裁定在審查拘留可疑恐怖分子合法性的程序中，不得採用通過酷刑獲得的證據。

關於法庭之外能否使用這些證據的意見存在分歧。一些人認為安全部隊和警察應該能夠使用這些情報，因為這對於維護公共安全至關重要（詳見專欄 25）。一些人認為，當生命受到威脅時禁止任何人使用任何此類資訊是不現實的，但這似乎只會鼓勵施加酷刑和其他不人道待遇。歐洲人權法院在處理一名被定罪的德國法學生提起的訴訟時就遇到了這一難題，該學生受到了酷刑威脅，供出了受害者所在的位置。他主張，自己不僅遭受了酷刑和不人道的待遇，審判也是不公正的，因為法院依賴通過酷刑搜集到的證據。法院一致認為，這名學生受到的威脅構成不人道待遇，德國當局作出的從寬處罰意味著德國應該對此負責。但是，法院沒有認定審判不公正。儘管法院意識到預防虐待的關鍵方式是防止當局在審判中使用通過虐待獲得的任何情報，但本案中 11 名法官（多數）認為，他們應該區分兩種不同的情況：不人道的待遇影響定罪和處刑的情況；因果鏈斷裂的情況。法院認定，本案審判是公正的，因為通過虐待獲得的證據沒有被用來證明那名學生有罪（詳見專欄 26）。6 名法官（少數）認為，該結論是一種退步，沒有嚴肅處理虐待問題（詳見專欄 27）。

A 和其他人訴內政大臣案（*A and others v. Home Secretary*）中厄爾斯費里・羅傑勳爵（Lord Rodger of Earlsferry）的觀點（2005）

通過酷刑獲得的資訊可能並不可靠。但通常情況下，它對酷刑實施者和他的上級來說是可靠的、有價值的。這也是酷刑實施者這樣做的原因。令人悲傷的是，蓋世太保以刑訊逼供獲取的資訊為基礎，摧毀了抵抗組織的網絡，並清洗了有關成員。所以，被派往淪陷國的特工人員都攜帶了自殺藥丸，以防止他們屈服於酷刑，從而洩露與任務、聯絡人相關的寶貴資訊。簡而言之，酷刑實施者作為人類的敵人而被憎惡，並不是因為他們獲得的資訊可能不可靠，而是因為他們動用了野蠻的手段獲取資訊。

這一呼籲的前提是，儘管存在聯合國《禁止酷刑公約》和其他國際法規定的義務，但是一些國家仍然在使用酷刑。不僅如此，這些國家可能會根據刑訊逼供獲得的陳述向英國安全部門提供資訊，而安全部門可能會發現這些資訊對於揭露恐怖主義陰謀很有用。此外，根據《2001 年法案》第 21 條簽發命令時，內政大臣可能不得不依靠包含此類陳述的材料。

代表大赦國際和其他一些干預者出庭的高級律師斯塔摩先生（Starmer QC）指出，在他們看來，英國內政大臣依賴這種陳述的做法是錯誤的，因為這等同於寬恕了通過酷刑獲取陳述的做法。這種立場具備連貫性的巨大優點；但獲取這種一致性的代價太高了。它將意味著，英國內政大臣可能無法履行政府的首要職責之一，即保護本國人民免遭潛在的襲擊。

歐洲人權法院，蓋夫根訴德國案
（*Gäfgen v. Germany*），2010

沒有排除通過不人道待遇所獲得的被質疑的事實證據與申請人的定罪和判刑無關。因為申請人的辯護權和不自證己罪的權利得到了尊重，所以必須認定整個審判是公正的。

歐洲人權法院，蓋夫根訴德國案的反對意見，2010

法治社會不會容忍或允許直接或間接或以其他任何方式從事公約第 3 條絕對禁止的虐待行為……無論是"因果鏈斷裂"還是其他頭腦中的概念，都不能克服刑事程序中承認通過違反公約第 3 條獲得的證據所存在的本質錯誤。

與酷刑相關的遣送

最後，讓我們來看一下禁止將任何人遣送至他有可能遭受實際酷刑風險的國家的規則。在這裏，人們就該原則再一次形成了普遍的一致意見。但是在適用過程中，我們可以發現一些相互抵消的因素在發生作用。尋求庇護者主張他們被遣返後會遭受酷刑，但是移民局會質疑現有證據，懷疑將來遭受酷刑的風險，並引用目的國作出的酷刑不會發生的"外交保證"。一些眾所周知的案件證明人權機構真正關切的是，信任外交保證這一做法已經引發了侵犯人權的事件。正如我們在聯合國禁止酷刑委員會關於埃吉薩訴瑞典案（*Agiza v. Sweden*）的決定中所看到的那樣：

> 13.4　委員會從一開始就認為，在申訴人被移交時，締約國當局就已經知道或者應該知道，埃及一貫和廣泛地對被拘留者實施酷刑，在政治和安全原因導致的拘留案件中，被拘留者受到虐待的風險特別高……此外，獲得沒有任何執行機制的外交保證，並不足以防範此類明顯的危險。

聯合國人權事務高級專員路易士·阿爾布林（Louise Arbour）發表了一份有關酷刑的聲明以紀念世界人權日。她特別質疑了"外交保證"的做法：

> 有很多理由質疑這種保證的價值。如果在某個特定的案件中不存在遭受酷刑的風險，那麼它們就是非必要的、多餘的。如果確實存在風險，這些保證的有效性又有多大呢？不尋求或判處死刑的保證很容易被監督。但是我認為，涉及酷刑或者虐待的情形就不是這樣了。因為缺乏內置式的精密監測措施，例如對被驅逐者採取 24 小時持續不斷的視頻監控，幾乎沒有監督能保證在任何特定情況下都能消除酷刑風險。雖然被拘留者作為一個群體，在私下和匿名接受採訪時，可能會譴責施暴者，但是如果在"監察員"離開後，他仍舊處於施暴者的控制之下，那麼他這個人就不太可能披露自己所遭受的虐待。

第五章

對生命與自由的剝奪

到目前為止討論的絕對權利不允許受到限制，沒有例外情況，也不存在與其他權利之間的平衡問題。種族滅絕罪、危害人類罪、奴役和酷刑屬於被禁止的國際罪行，無論這些行為發生在哪裏，任何國家均有權對個人予以懲罰。相反，本章將要討論的權利可以由法律對其進行適當限制，但僅限於實現確定的合法目標。例如，當某人經法院審判被合法定罪後遭到拘留的情形下，其人身自由就會受到限制。言論自由也不是絕對的。眾所周知，在擁擠的電影院大喊"著火了"可能會受到懲罰。儘管我們都應該享有言論自由以及接收和傳遞資訊的權利，但在交流方面可能存在合法的限制，例如商業或軍事秘密。廣大讀者可能會對知名人士的照片感興趣，但是為了保護個人隱私，某些圖像可能會受到限制。我在互聯網上獲得關於你的資訊的權利與新的所謂"被遺忘的權利"相衝突（我們將在第六章更詳細地討論這一新權利）。

　　那麼，在這種語境下討論"權利"有意義嗎？你有不被拘留的權利——直到當局證明對你的拘留是合法的。你有出版的權利——如果這會讓別人不高興，就不可以。看起來，我們似乎只是一隻手給予，另一隻手就拿走了。然而，人權框架是適用的，並且是有用的。人權方法的出發點始於這一假設——我們擁有自由權、公正審判權、言論自由、信仰自由、集會自由、結社自由和財產權。任何對這些權利的限制都必須按照人權法中的"四步法"來證明其與限制所追求的目標是相稱的（具體內容將在第六章"相稱性"標題下進行討論）。對自由的限制不一定是邪惡的；很少有人質疑某些罪犯被剝奪自由的必要性。在這種情況下引入人權使我們明白，我們必須以這樣一個假設為出發點，即個人有權享有自由，除非通過公正流程證明監禁的必要性。

生命權

讓我們從生命權開始，回到本章第二部分的拘留問題。乍看之下，生命權似乎是絕對的，但是仔細分析後就會發現，一些導致生命喪失的蓄意行為不一定是侵犯人權的行為。在面對武裝暴徒的襲擊時，警察可能不得不開槍自衛，以挽救自己或他人的生命。當危險變得不那麼緊迫時，情況就變得複雜多了。假如一個國家對恐怖分子嫌疑人進行定點的暗殺會怎麼樣？人權法院已經接到過幾十宗關於安全部隊在特定情況下過度使用武力的申訴。一般來說，使用的武力應該與其避免的危險"相稱"。《聯合國關於執法人員使用武力和火器的基本原則》（*The UN Basic Principles on*

the Use of Force and Firearms by Law Enforcement Officials）
規定：

> 執法人員不得對他人使用武器，除非為了自衛或保衛他人免遭迫在眉睫的死亡或重傷威脅，為了防止給生命帶來嚴重威脅的特別重大犯罪，為了逮捕構成此類危險並抵抗當局的人，或為了防止其逃跑，並且只有在採用其他非極端手段不足以達到上述目標時才可使用武器。無論如何，只有在確實不可避免的情況下，為了保護生命，才可有意使用致命武器。

這一簡單的規則正面臨壓力，因為各國政府試圖將該原則適用的背景從應對武裝劫匪或者人質事件的適當原則轉向預防性自衛領域，以防止國家遭受襲擊。這有時是通過調整詞彙和限定概念來實現的。一個人被說成是在應對一場"全球戰爭"，而不是"執法"；保護生命變成保護國家；迫在眉睫的威脅被理解為持續的威脅；罪犯變成了國際恐怖分子或者"非法敵方交戰者"。當然，有一些規則來規範戰爭期間的殺戮，但是這些規則的細節主要是為兩國正規武裝部隊間的戰爭設計的。在此類情況下，甚至在一些內戰中，誰構成武裝部隊，什麼構成民用設施，都相對清楚。然而根據這些規則，以恐怖分子為打擊目標是有爭議的。有些人會說，國家應該證明這個被作為目標的個人實際上在襲擊中或者甚至在即將發生的襲擊中發揮了作用。接下來的問題是：什麼樣的作用？實際放置炸彈的人還是望風的人？資助或庇護被指控恐怖分子的人是否發揮了作用？

這些爭議在無人機的使用和遠離戰場的定點清除政策中得到了鮮明的體現。為了方便或者在使用武裝部隊風險太高或太複雜的情況下，無人機被用得越來越多。它們的生產和銷售速率表明，它們的使用前景將在未來許多年內徘徊不前。雖然這些"無人駕駛飛行器"（unmanned aerial vehicles）可能比其他飛行器更精確，但在一個國家無法控制領土的情況下，它們也更容易部署，因此，一些這種殺戮行動發生在傳統武裝衝突之外的新情況下。與傳統的戰場對抗不同，在這種情況下，無人駕駛飛行器還不能接受投降並扣留目標。如果通過無人機打擊來反恐，那麼抓捕就不再是一種選擇。

如上所述，美國說它適用的規則模糊了既定法律類別之間的界限，這些法律類別規定執法官員何時可以使用致命武力來避免迫在眉睫的殺戮，國家何時可以對其他國家的武裝部隊使用武力，以及武裝部隊何時可以在戰爭中打擊軍事目標。公眾越來越擔心，基於何種理由、以何人為打擊目標缺乏透明度。一份白宮的情況說明書和被洩漏的官方白皮書（詳見專欄 28）揭露了美國政府的政策。儘管這些文件打消了一部分人的疑慮，其他人仍然擔心存在的一些嚴重問題：多麼緊急算是"迫在眉睫"？"合理替代方案"指什麼？到底

誰屬於 "非戰鬥人員"？更進一步的相關問題是：誰控制無人機？誰決定將某人添加到清除名單上？空襲會招致更多戰鬥人員／恐怖分子嗎？

專欄 28

白宮情況說明書：在美國境外以及敵對行動活躍地區的反恐行動中使用武力的標準和流程

美國的政策是，在抓捕恐怖分子嫌疑人可行的情況下不使用致命武力，因為抓捕恐怖分子是獲取有意義的情報以及減輕和挫敗恐怖分子的陰謀提供了最佳機會。

致命武力將僅用於防止或阻止針對美國人的襲擊，即使如此，也僅在抓捕不可行且不存在其他合理替代方案來有效應對威脅時使用。

只有在下列情況下，才會在現行敵對行動地區之外使用致命武力：

第一，使用致命武力必須有法律依據，無論是針對恐怖組織的高級行動領導人，還是該組織正在使用或打算使用來進行恐怖襲擊的武裝力量。

第二，美國將僅對對美國人構成持續的、迫在眉睫的威脅的對象使用致命武力；如果恐怖分子不構成這樣的威脅，美國就不會使用致命武力。

第三，在使用致命武力之前，必須滿足以下條件：

（1）幾乎可以確定目標恐怖分子就在現場；

（2）幾乎可以確定非戰鬥人員（＊）不會有傷亡；

（3）評估認為在行動時進行抓捕是不可行的；

（4）評估認為行動目標國的相關政府機構不能或者不會

有效解決對美國人民造成的威脅；而且

（5）評估認為沒有其他能夠有效解決對美國人民的威脅的合理替代方案。

＊非戰鬥人員是根據可適用的國際法不能成為攻擊目標的個人。"非戰鬥人員"不包括武裝衝突交戰方的個人、直接參加敵對行動的個人，或者在行使國家自衛時成為目標的個人；並不是所有在目標附近的適齡男性都被視為戰鬥人員。

洩漏的美國白皮書：
針對美國公民的致命行動的合法性

例如，一名高級官員可以判定，一個人構成對美國發動暴力襲擊的"迫在眉睫的威脅"，如果這個人是基地組織或其附屬部隊的軍事行動領導人，並親自且持續參與策劃針對美國的恐怖襲擊。此外，如果有關的"基地"組織成員近期參與了對美國構成迫在眉睫的暴力攻擊威脅的活動，而且沒有證據表明他已經宣佈放棄或放棄此類活動的情況下，那麼該成員參與"基地"組織針對美國的持續恐怖主義活動，就可以表明該成員構成了迫在眉睫的威脅。

令人震驚的是，這些法律解釋沒有提到人權或人類尊嚴。這可能是因為一些依賴於此類推理的政府認為，人權在戰場上無立足之地，任何殺戮行為都需要根據戰爭法進行處理。專欄 29 介紹了三條相關規則。此外，一些政府辯稱，它們在國外進行軍事行動時不承擔任何人權義務；但是這種推理與人類應該受到尊重的想法格格不入，因為我們每個人都有自己的價值。在一份詳細研究可適用的人權法的文件中，聯合國特別報告員菲力浦‧阿爾斯通重申，武裝衝突中的致命武力"如果對拯救生命而言具有絕對的直接必要性，就是合法的"。

專欄 29

武裝衝突中保護生命權的國際法

1. 當一個國家為了自衛而應對武裝攻擊時，"總體而言，所使用的武力不得超過避免或結束攻擊的需要"。

2. 當暴力達到了武裝衝突的程度，"保護平民不受攻擊，除非他們直接參與敵對行動"。

3. 在武裝衝突中，禁止發動"可能附帶使平民生命遭受損失、平民受傷害或民用物體受損，或三種情況均有，而且與預期的具體和直接軍事利益相比損失過分的攻擊"。

拘留

人權運動經常關注那些因政治見解或表達自己觀點而被羈押的人。回想一下第一章中昆德拉提到的索爾仁尼琴的象徵意義。1961 年，大赦國際的創始人彼得‧本南森（Peter Benenson）律師了解到兩名葡萄牙學生由於公開為自由舉杯而被判處 7 年監禁，這促使他創立了大赦國際組織。《觀察者報》以"被遺忘的囚犯"（詳見圖 12）為通欄標題，刊

The Forgotten Prisoners

圖 12　1961 年 5 月 28 日，《觀察者報》發表了 "大赦呼籲"。公眾的熱烈回應最終促成了大赦國際的成立。

登了本南森撰寫的 "大赦呼籲"。這是對迫害、監禁問題的多年反思以及與他人商討的結果。文章發佈了六名囚犯的照片：江詩丹頓・諾伊凱（Constantin Noica），一名羅馬尼亞哲學家；來自美國的民權支持者阿什頓（Ashton）牧師；安哥拉詩人阿戈什蒂紐・內托（Agostinho Neto），被葡萄牙人監禁；布拉格大主教貝蘭（Beran）；托尼・安巴蒂洛斯（Toni Ambatielos），在希臘被羈押的一名工會成員；匈牙利紅衣主教閔真諦（Mindszenty），在美國駐布達佩斯大使館避難。文章中還提及了其他來自西班牙和南非的囚犯。最初的大赦呼籲有四個目標：公正地爭取釋放那些因發表意見被監禁的人；尋求對他們進行公正和公開審判；擴大庇護權並幫助政治難民找到工作；推動建立有效的國際機制保障言論自由。

從那時起，大赦國際組織已經拓寬了它的關注範圍。現在它將自己的願景解釋為"一個人人享有所有《世界人權宣言》和其他人權文件規定的人權的世界"。然而，它在成立之初動員公眾支持以會員制為基礎的運動，重點關注被遺忘的囚犯。這是冷戰期間人權日漸受到關注的體現之一。

此類被拘留者有時被稱為"良心犯"或"政治犯"，過去是，現在依然是人權運動或抗議的主題。他們被羈押與普遍無視基本自由的政權聯繫在一起。這些被拘留者因為表達政治觀點或主張民主權利而被捕，對他們的審判通常嚴重缺乏公正審判的基本要素：無罪推定、與自己選擇的律師接觸，以及在一個獨立的法官面前質疑證據的機會。

最近，爭議集中在美國中央情報局與其他國家共謀的秘密拘留和引渡行動上。秘密拘留專門用於將個人置於司法系統外，使他們得不到過去幾十年間為防止酷刑和任意剝奪自由而提供的人權保護。儘管一些最具體的細節仍然保密，但是歐洲人權法院已經要求兩個歐洲國家對其參與這些安排負責（詳見下文和專欄 30）。以下內容摘自歐洲人權法院阿爾‧納希里訴波蘭案（Al Nashiri v. Poland）的判決：

> 法院認為，秘密拘留恐怖分子嫌疑人是中央情報局引渡方案的一個基本特徵。從中央情報局的解密文件中

可以看出，該方案的背後理由是專門剝奪這些人免受酷刑和強迫失蹤的任何法律保護，剝奪他們免受美國憲法和國際法保護免遭任意拘留的任何保障，僅提及被帶到法官面前和在合理時間內受審的權利或人身保護令的保障。為此，整個計劃不得不在美國法院的管轄範圍之外，在確保其絕對保密的條件下實施，這需要與東道國合作設立境外拘留設施。

把關注的重點放在政治犯和缺乏對可疑恐怖分子的法律保護上的危險之一是，我們在一段時間內看不到被剝奪自由者的景象。目前全世界有超過一千多萬被拘留者。"不受歡迎""被邊緣化"或者"易受傷害"的標準也適用於世界各地數百萬被監禁的人。這些囚犯中有很大一部分人的生活條件遠遠達不到人權標準。根據刑罰改革國際組織（Penal Reform International）的報告：

在大多數監獄系統中，即使不是全天，一天中也有長達 23 個小時，囚犯在過度擁擠的牢房中度過，享受不到國際標準規定的最小空間要求。過度擁擠可能會非常嚴重，以至於囚犯們輪流睡覺，睡在彼此的身上，共用一張床，或者將自己拴在窗戶欄杆上，這樣他們就可以站著睡覺。

歐洲人權法院，馬斯里訴南斯拉夫馬其頓共和國案
(*El-Masri v. the former Yugoslav Republic of Macedonia*)

法院注意到，2004 年 1 月 23 日，申請人被戴上手銬和眼罩，從賓館中帶走，並被送往史高比耶機場（Skopje Airport）。他被安置在一個房間裏，被幾個身著黑衣服的偽裝男子毒打。他被脫光衣服，遭到異物羞辱。他被裹上成人尿布，穿上深藍色的短袖運動服。他戴著腳鐐和頭罩，感官被完全剝奪，被強行押上一架中央情報局的飛機（一輛機尾編號為 N313P 的波音 737），馬其頓安保人員包圍了這架飛機，在飛機周圍拉起了警戒線。在飛機上，他被扔在地板上，用鐵鏈鎖住，並被強行麻醉。保持這個姿勢，申請人經巴格達（伊拉克）飛往喀布爾（阿富汗）……法院認為，這種對待相當於酷刑，違反了《公約》第 3 條。被告國必須被認為對侵犯申訴人在該條款下的權利直接負責，因為其代理人積極為這種對待提供了便利，沒有採取在那種情況下可能阻止酷刑發生的任何必要措施。

在結束關於羈押的討論時，我們應該提及，個人的自由不會因為被逮捕或定罪而消失，這種自由只是在必要的程度上受到限制；羈押機關實際上被要求重新評估所有拘留的必要性。作為被拘留者自由的一部分，他們有權要求當局向法官解釋拘留的法律依據。這個原則有時被稱為人身保護令（*habeas corpus*，拉丁文），源於歷史上的司法救濟措施，

即以君主的名義，強迫以任何理由羈押另一個人的個人將被羈押者帶到法官面前，並解釋剝奪該人自由的法律依據。現在，這種古老的救濟措施也反映在國際法中。《公民權利和政治權利國際公約》第 9 條第 4 款規定：

> 任何人因逮捕或拘禁而被奪自由時，有權聲請法院提審，以迅速決定其拘禁是否合法，如屬非法，應即令釋放。

聯合國人權事務委員會第 35 號關於人身自由和安全的一般性意見解釋道：

> 這項權利（第 9 條第 4 款的規定）適用於所有通過官方行動或根據官方授權採取的拘留措施，包括與刑事訴訟有關的拘留、軍事拘留、安全拘留、反恐拘留、非自願住院、移民拘留、為引渡實行的拘留和完全無依據的拘捕。它也適用於因流浪或吸毒成癮而採取的拘留措施，出於教育目的對違法兒童的拘留，以及其他各種形式的行政拘留。在第 4 款含義範圍內的拘留還包括軟禁和單獨監禁。

第六章

平衡權利——
言論自由和隱私

6

到目前為止，我們抵制住了聲稱人權是關於平衡個人自由和社會集體利益的誘惑。在討論酷刑、生命權、被拘留者的權利和公正審判時，這種說法是不恰當的。即使大多數人強烈要求將他們在和平與安全環境中生活的利益放在優先地位，但人權的整體理念強調，即使多數人認為更嚴厲的待遇是合理的，個體的生命也必須得到尊重。

現在，讓我們拋開殺戮、酷刑、引渡和任意剝奪自由，來看看決定何時對其他權利施加限制。我們將在本章其餘的部分來考慮人權有其固有的局限性。這些權利相關的國際人權法的主旨是，對權利的限制必須參照先前存在的可利用的法律，這些法律允許為實現合法目標（如國家安全、公共秩序或他人的權利）而採取必要的相稱行動。

言論自由

在思考對人權的適當限制時，必須考慮我們希望對我們尋求促進的基本價值給予多大的重視。對權利的重視程度決定了限制是否可以被接受。在這裏，我們可以提到言論自由的一個特殊作用。我們認為，當思想受到挑戰，權威受到質疑時，人類就取得了進步；這種意識解釋了保護甚至是冒犯性言論的重要性。雖然可能需要限制煽動暴力或構成騷擾的言論，但當這個原則開始扼殺辯論和批判性探索時，問題就來了。賦予言論自由的價值在不同的情況下可能有所不同，許多人賦予這種自由以特權，因為它對民主和所有生活領域的辯論具有重要價值。已故埃及小說家、諾貝爾獎獲得者納吉布‧馬赫福斯（Najib Mahfous）對言論自由的特殊價值做了解釋。他在 1989 年就威脅殺害小說家薩爾曼‧拉什迪（Salman Rushdie）一事寫道："關於言論自由，我說過必須將其視為神聖，思想只能通過反思來糾正。"

對仇恨言論的起訴可以以此為由：此類行動旨在保護宗教少數群體的人權或者捍衛平等。但這個推理並不能消除這種壓制批判聲音、阻礙知情辯論的可能性（詳見專欄 31）。

現在，互聯網給我們帶來了新的挑戰。首先，它提供了騷擾和殘酷對待一些更脆弱的受害者的新機會。這種欺凌行為造成的悲慘後果意味著國家當局不得不尋找方法來保護兒童和成人免遭互聯網上的嘲笑、騷擾或監視的傷害。刑事起訴可能會符合或可能不會符合相稱性原則。英國的一套指南解釋說：

> 背景很重要，檢察官應該考慮到這樣一個事實：交互性社交媒體對話的背景與其他交流的背景有很大不

同。接入無處不在，且都是即時性的。戲謔、玩笑和無禮的評論很常見，而且往往是心血來潮的。以少數人為目標的交流可能會被數百萬人瀏覽到。

彼得·塔切爾（Peter Tatchell），
"仇恨言論應該被定罪嗎？"

幾名基督教和穆斯林街頭傳教士因發表仇恨言論在英國被捕。他們的罪行是什麼呢？他們說同性戀是不道德的，同性戀者會下地獄。我不同意他們的觀點，但反對起訴他們。他們說的話很傷人，但並不可惡。他們沒用恐嚇或威脅的語氣表達自己的觀點。

言論自由是民主社會的標誌之一。只有在極端、迫不得已的情況下，才應對其加以限制。把令人反感和冒犯性的觀點確定為犯罪，就是一條通向審查和終止公開辯論的下坡路，也會適得其反。它冒著使持有偏見的人成為烈士的風險，並偏離了仇恨言論的真正解決途徑：教育和理性辯論。仇恨言論應該遭到抗議和挑戰，而不是定罪……

我因為說伊斯蘭極端分子的同性戀恐懼症和性別歧視類似於納粹的心態而被捕。另外，一名青年因稱山達基教為危險的邪教而被捕。在這兩種情況下，我們都被判定犯有宗教仇恨罪。

其次，臉書（Facebook）、推特（X，原名為 Twitter）和其他社交媒體迫使人們重新評估作為一名發佈者意味著什麼，以及當員工在他們的"私人賬戶"上公開表達自己的想法時，僱主可以抱有什麼樣的期待。背景對於任何決定都是至關重要的，相稱性概念有助於確定對自由的限制何時構成對人權的侵犯。

此外，新技術使政府和其他人能夠收集更多關於我們的資訊。其中一些資訊對於應對普通犯罪和恐怖主義的特殊威脅至關重要，但最近披露的有關如何收集這些資料的資訊，引發了關於將保護隱私作為一項人權的必要性的激烈辯論。在聯合國大會一份題為"人權與反恐"的報告中，聯合國特別報告員本·愛默生（Ben Emmerson）大律師指出：

> 偵聽通信提供了一個寶貴的資訊來源，各國能夠藉此調查、預防和起訴恐怖主義行為和其他嚴重犯罪。大多數國家有能力偵聽和監測固定電話或行動電話的通話，從而能夠確定一個人的位置，通過手機基站分析和跟蹤其行動，並可讀取和記錄其短信內容。定向監控也使情報和執法機構能夠監測特定個人的線上活動，進入資料庫和雲設施，獲取其中儲存的資訊。越來越多的國家正在利用惡意軟件系統滲透個人電腦或智能手機，改變其設置，並監控其行蹤……
>
> 《公民權利和政治權利國際公約》第 17 條規定的國家義務中包括尊重數字通信的隱私和安全。在原則上，這意味著個人有權在不受國家干涉的情況下彼此間交流

資訊和想法，並確信只有預定的接收方才能收取和閱讀他們的資訊。干涉這項權利的措施必須得到易於理解和準確的國內法的授權，並符合公約的要求。它們還必須追求合法的目的，並通過必要性和適當性的檢驗。

隱私

對隱私概念的思考迫使我們直面人權的核心問題。儘管人們普遍認為"由來已久"的隱私權現在不斷地受到挑戰，但是並不清楚隱私權概念從何而來。如果我們追溯這一概念的起源，就會發現隱私權不是一項傳統的憲法性權利；人們找不到 18 世紀對隱私的革命性要求。事實上，保護隱私似乎是以一種特殊的方式發展起來的，以應對隨著需求而產生的憤怒或尷尬的情緒。在人權法領域，隱私權已經成為了一項剩餘權利（residual right），被用來支持那些原本可能基於尊重尊嚴、家庭、通信、性、身份或家庭的權利主張。

闡明隱私權的範圍是困難的，因為我們不僅要考慮不斷變化的期望和政府日益增長的打擊犯罪與恐怖主義的需求，而且很快就會碰到其他人的人權，這些人權也必須得到尊重。隱私權只能延伸到不會不合理或不成比例地限制他人的言論自由權和知情權的程度。然而，當我們從基於財產的權利觀念（例如，隱私權會保護肖像和人格）轉向私人和家庭生活的現代概念時，我們發現權利界限更難劃定。當然，這也是隱私權概念的優勢所在，它可以適應不斷變化的期待和技術進步，包括資料存儲，電話竊聽，對電子郵件、網站訪問和電話的大規模監控技術，數字圖像，以及 DNA 鑒定。

我們至少可以確定五個當代隱私的維度。第一，一種不受觀察的渴望。從這一點來看，與脫衣搜查、拘留、醫療情形、隱形攝像頭和其他形式的監視有關的權利隨之產生了。第二，限制有關自身的資訊和肖像傳播的願望，尤其是在知道了這些資訊可能會令人尷尬或損害自身利益的情況下。第三，能夠與他人交流而不受第三方的竊聽或監控。儘管最初人權條約保護的對象包括"通信"，但是隱私保護的範圍已經被擴展到挑戰電話竊聽、各種通話監聽以及最近出現的僱主對僱員電子郵件的審查。第四，我們的身體和精神健康需要得到保護。隱私法已經發展到防止家庭暴力、性虐待、體罰和環境危害了。第五，應該創造空間，為自由地發展我們的個性留出空間。我們如果不能自由地做出與性、身份和交往相關的選擇，那麼也許就不能充分發揮自己的個性潛能。在這方面，國際人權條約已被成功地用來挑戰那些將兩廂情願的同性戀行為定罪的法律。

隱私以及將私領域排除在人權保護之外的嘗試

然而，隱私概念也有其另一面。隱私被用來阻止執法人員干涉對婦女的暴力行為。此外，在僱傭家政人員或將某人排除在俱樂部和協會成員之外時，隱私也被當作一個種族歧視的理由。不受政府干涉的隱私領域的概念意味著：婚內強姦、虐待兒童、女性生殖器切割問題不能被視為人權議題的一部分，處理這些問題就相當於侵犯個人的隱私。

這些問題因法律中的公共／私人領域概念的劃分而變得更加複雜。許多法律體系的演進都是圍繞著如下理念展開的，即公法（包括人權保護）應該規制與政府當局有關的問題，私法則規範與國家或地方當局無關的私主體之間的爭議。言下之意，有時有人說私領域的活動不是公共機構管轄的事務。據此，在私領域中與個人尊嚴相關的問題不能通過國家干預或訴諸人權法來補救。此外，為了與這一排他性政策妥協，國際人權法一直以來是通過審議各國在其同意的各種條約中的義務而發展起來的。因為法院和各人權條約機構通常只能受理對各國政府的申訴，因此產生了一種假設，即所有侵犯人權的行為必須有政府的參與。在許多情況下，私領域的侵權行為被簡單地認定為不在國際人權法範圍內，或者完全不屬於人權問題。

這種情況已經發生了改變。首先，根據人權條約建立的國際機構已經將政府的義務解釋為：有責任保護個人免受其他個人或非國家行為者侵犯。它通常被稱作積極義務，合理注意義務，或保護義務。這種演進可以追溯到 20 世紀 80 年代和 90 年代的一系列案件和報告。其次，隨後幾十年間國際刑法的發展強調了違反國際法的個人責任問題。事實上，國際社會必須處理的一些最嚴重的暴行是在沒有任何政府參與的情況下發生的。很明顯的例子包括由叛亂組織實施的強姦、酷刑，以及平民屠殺。現在有一個很好的觀點認為，非國家行為者負有一定的人權義務。實際上，人權理事會 2014 年和 2015 年召開了特別會議，嚴厲譴責了伊斯蘭國的行動對人權的系統性侵犯，以及博科聖地對國際人權法的大規模違反。反過來，人權義務範圍也開始被認為可以影響其他非國家行為者，諸如聯合國和北約（就其維和行動而言），國際金融機構（如世界銀行和國際貨幣基金組織），跨國公司和其他形式的企業，以及各種形式的政黨、宗教團體、養老院、聯合會、俱樂部和協會。

傳統的公私界域劃分，以及由此產生的將家庭事務排除於公共視野之外的情況，已經引發了一場謹慎的女權主義批判，對公私領域界限的建構以及女性和女性權利都產生了影響。有時會有人建議，破除公私之分的概念對於確保將私領域的壓迫當作公共政治關切問題予以處理至關重要。然而，解決之道並不是要廢除隱私權（不管過去對隱私權的使用存在什麼問題）：事實證明，隱私權的主張在確保對個人身體、性關係和個人資訊的一定程度上的控制方面是有效的。前進的道路是認真對待女性的訴求，並且承認人權適用於私人領域。

權衡隱私與其他價值

　　平衡隱私權和表達自由這一對競爭性權利肯定要考慮相關語境，有人甚至會說這也與文化有關。人權同時主張保護表達自由權和隱私權。如何選擇呢？在這裏，我們必須承認，人權框架與成套的交通規則或簡單的道路規則不一樣。在人權框架下，不同的人甚至是不同的法官都可能得出不同結論，這再次表明任何選擇均取決於具體情況。但至少在歐洲人權法院最近審理的案件中，人們試圖制定相關標準，來確定是否可以為了保護某人的隱私而查禁某一出版物。最近的一個案件涉及芬蘭總理前伴侶寫的一本書。儘管法院不斷強調，對政治人物資訊的需求大於對非公共人物個人資訊的需求，但該案的關鍵在於這對夫婦被公開的性生活細節。法院適用其標準後認定，可以通過刑事起訴合法地制裁公開這些資訊的行為（詳見專欄 32）。

專欄 32

歐洲人權法院，
魯蘇甯訴芬蘭（*Ruusunen v. Finland*）

　　對政治家的批評比對個人的批評範圍更廣。與後者不同的是，前者不可避免地有意將自己的言行置於記者和廣大公眾的密切審視之下，因此他們必須表現出更大程度的寬容……類似的考慮也適用於公眾人物……在某些情況下，即使一個人為公眾所熟知，他或她也可以“合法期待”自己

的私生活受到保護和尊重……法院接著確定了一些平衡言論自由權與私生活受尊重權的標準……即

（1）對一般利益相關辯論的貢獻；

（2）相關人員的知名度如何以及報告的主題是什麼；

（3）當事人之前的行為；

（4）獲取資訊的方法及其真實性／照片拍攝的情境；

（5）出版物的內容、形式和重要性；

（6）制裁的嚴厲程度。

將隱私權概念擴展到保護人們免受污染，包括噪音污染，表明隱私並不被認為是一項絕對權利，決策者在確定對這一權利的享受進行干涉是否合理時，面臨一項複雜的任務。2001 年，希思羅機場附近的居民成功地說服了歐洲人權法院的一個審判庭（5 票對 2 票），晚上的噪音會對他們的住宅、私生活和家庭生活造成不正當影響。處理重要案件的大審判庭後來以 12 票對 5 票裁定，政府在居民權利與他人旅行和從事競爭性商業活動的權利之間取得了恰當的平衡（這反過來被認為是國家 "經濟福祉" 的必要條件）。反對者不同意該觀點，認為沒有達到恰當的平衡。正如他們所說：

保護人權和消除環境污染的迫切需求之間的密切聯繫使我們認為，健康是最基本、最重要的人類需求。畢竟，就像在這個案件中，如果不分晝夜、持續或間斷地迴盪著飛機引擎的轟鳴聲，那麼與家庭隱私有關的人權又有什麼意義呢？

現在讓我們簡要地嘗試理解作為隱私權一個方面的新興的"被遺忘權"。總是與互聯網上發佈的特定故事或圖像相關聯顯然會令人痛苦。但是，如果所描述的事件屬實，那麼互聯網使用者對資訊擁有何種競爭性權利呢？出版商的言論自由權又如何呢？所謂的"谷歌西班牙案"（*Google Spain Case*）與一名男子有關，他希望將報紙上涉及他的報導從互聯網搜索結果中刪除。該報導講的是一個有關追回社會保障債務清償的拍賣故事。令人擔憂的是，在搜尋引擎中輸入一個姓名，就可以找到有關某人的大量相互關聯的資訊，以至於整體上判斷可能構成對隱私的侵犯。歐盟法院（The Court of Justice of the European Union）支持了保護個人資料和私生活的權利，並指出在每一起案件中，搜索引擎（在本案例中為谷歌）必須考慮搜索結果顯示的資料對個人的敏感性，並權衡其與公眾獲取該資訊的利益。儘管法院在本案中更加重視隱私權而不是互聯網用戶的權利，但它補充說，"資料主體在公共生活中所扮演的角色"不同，公眾獲取資訊的興趣可能會有所不同。裁決作出後的四個月內，谷歌收到了 13.5 萬份請求，涉及 47 萬個鏈接。

相稱性

我們研究了對隱私和言論自由的限制，以此說明權利是如何被限制的，以及相互競爭的價值觀是如何被平衡的。當人們審視集會、結社自由或表明自己宗教信仰的權利時，也存在類似的緊張關係。我們將在第八章討論宗教問題，現在讓我們簡單總結一下，在實踐中如何對人權進行限制。關鍵在於理解通常所說的廣義上的相稱性檢驗。相稱性概念在確定任何可以限制的人權的限度方面是常見的。此類權利可以受到限制，只要對這些權利的限制與所追求的目標相稱。決策者有義務採取四步檢驗法，來確定對人權的干涉是否構成對相關權利的合法限制。總結如下：

（1）干涉是否有正當目的？

（2）干涉是否由明確且容易獲知的法律規定？

（3）干預是否與所確定的合法目標相稱，並且對於民主社會來說是必要的？

（4）是否有保護措施防止任意干涉？

因此，人權方法為我們提供的不僅僅是一個口號。它要求干涉個人自由的政府能夠提出一個合法的目標，證明其行為的正當性，這種正當性必須符合個人可以獲知的明確的法律；考慮到具體情況，干涉也必須是相稱且必要的。

第七章

食物、教育、健康、住房和工作

"人權始於早餐。"塞內加爾前總統列奧波爾德‧桑戈爾（Léopold Senghor）的這句俏皮話令許多人驚慌失措。有些人認為，在享受奢侈的選舉權或言論自由的特權之前，諸如食物權之類的權利需要得到適當的保障。的確，許多人贊同所謂的"飽腹論"，獲得食物和水等生存權利應該優先於政治參與、免於任意拘留、言論自由、隱私權等公民權利和政治權利。但是，該觀點已不像過去那樣盛行（至少在政府的圈子裏）。今天，所有國家（大多時候）都承認各類權利並無優先等級差別。不同類型的權利被認為是相輔相成的：良好的營養、高水準的健康和教育會推動政治自由和法治的改善；同樣，表達自由和結社自由能確保做出最有利於保護食物權、健康權和工作權的決定。儘管在邏輯上，"所有人的所有權利"都需要保護，但依然存在什麼是"真正"人權的傳統假設。人們不難發現，評論人士和其他人敦促人權組織不要被經濟和社會權利分散注意力，他們還會進一步指出，這些權利根本不是權利（詳見專欄 33）。

《經濟學人》，"捍衛舊有的權利，因為新的權利會分散注意力"，2007 年 3 月 24 日

權利是好東西，你可能會認為你爭取的權利越多越好。為什麼不把緊迫的社會和經濟問題添加到諸如言論自由、選舉自由和正當法律程序等陳舊的政治權利之中呢？如果你餓著肚子，投票還有什麼用呢？難道獲得工作、住房、醫療保健和食物不也是基本權利嗎？不，很少有權利是真正具有普遍性的，增加這種性質的權利反而會削弱它們。

食物、工作和住房當然是必需品。但稱它們為"權利"並沒有起到任何有用的作用。當一個政府未經公正審判就關押某人時，受害者、肇事者和補救措施都非常清晰。但是社會和經濟"權利"很少具有這種明確性。要確定此類權利是否受到侵犯已經很困難了，更不用説誰應該提供救濟，或如何提供救濟了。誰應該學習哪些科目，接受多長時間的教育，花費多少納稅人的錢，是一個最好通過投票來解決的政治問題。什麼樣的醫療保健花多少錢也是如此。而且，人類所知的任何經濟制度都不能保證每個人在任何時候都有一份合適的工作：即使是蘇聯引以為豪的充分就業，也是基於"他們假裝付錢給我們，我們假裝工作"的原則。

這種做法可能會掩蓋這樣的一種感覺，即這些權利阻礙了理性選擇和經濟效率。或者説，希望將人權局限於言論自由和公正審判等問題的那些人，可能只是低估了我們現在對貧窮和疾病的關注程度，不僅是在它們影響到我們自己的時侯，也是在它們影響到其他人的時候。無論如何，對於像查

理斯・拜茨（Charles Beitz）這樣的政治哲學家來說，將人權定義依賴於傳統的歷史自然權利理論是沒有意義的。人權相關的國際實踐事實上存在，包括確保經濟和社會權利的努力（詳見專欄 34）。

在當今的國際關係中，各國很少明確支持對人權進行傳統的狹義解讀。"人權"這一術語不僅涵蓋公民權利和政治權利，如免遭酷刑、奴役和任意拘留的自由等，還包括經濟、社會和文化權利。正如 1948 年《世界人權宣言》所載：

人人有權享受為維持他本人和家屬的健康和福利所需的生活水準，包括食物、衣著、住房、醫療和必要的社會服務；在遭到失業、疾病、殘廢、守寡、衰老或在其他不能控制的情況下喪失謀生能力時，有權享受保障。

目前，國際上的分歧主要集中在：第一，實施這些權利的適當機制；第二，這些權利的確切範圍。在解釋它們的範圍之前，讓我們先思考一下實施問題。

一個主要的關切是，經濟和社會政策最好由對民主制度負責的決策者決定，而不是由不知道如何優先分配有限的資源且未經選舉產生的法官決定（詳見專欄 35）。在健康方面，當對有限的資源造成不合理的壓力時，衛生當局和醫院也許不得不拒絕為某些人提供治療。那些支持加強對經濟、社會和文化權利的司法執行的人指出，保護公民權利和政治權利也涉及決定資源配置的問題：為被拘留者提供符合人道主義的條件同樣要花錢；為真正自由公正的選舉提供前提條件同樣要花錢。但是，在通過司法落實經濟、社會權利是否適當的問題上，依然存在爭議。所以，當法院審理經濟、社會和文化權利時，法官會十分小心，以避免過度影響立法機關和行政機關的作用。例如，南非的司法機關提醒政府，它有義務說明限制醫療保健服務的合法性，並要求政府制定政策，確保最邊緣化群體能夠獲得住房。與政治權利和公民權利一樣，司法機關可能會提醒政府，它們有義務採取立法措施以保證權利可以在有效的法律體系下得到保護和實現。現在，讓我們更加詳細地研究一下經濟權利和社會權利。

C. 吉爾蒂（C. Gearty），"反對司法強制執行"

法院不適合接收、更不適合評估那些用以支撐所有社會政策（包括提供社會權利）的經驗資料和對未來趨勢的猜測。這不僅僅是對法院缺乏工作設備的質疑⋯⋯ 主要是基於法院無勝任力的一種觀察，儘管它似乎為作出決定提供了充分條件。關鍵在於，法院不是決定這些事項的正當場所，越是修改它的流程（關於社會經濟資料等的特別簡報、非政府組織的意見、關於擬議裁決的更廣泛社會影響的專家證據，諸如此類）以使其成為合適的地方，這些法庭就越像一個行政官員，但卻缺乏合法選舉和公共問責等常見的民主必需品。

食物

食物權的存在並不意味著政府必須為所有人提供免費食物。食物權是與"食物安全"相關的一系列更加複雜的義務的簡稱，包括確保獲得食物以及對食物短缺和分配問題制定計劃。我們可以從即時義務開始。首先，政府應該避免破壞食物安全，並應為認可的需求做好計劃。尤其是，不應該通過不合理地毀損農作物或將人驅離土地而侵犯糧食權。再者，在獲得食物方面不應存在任何歧視。這些即時性義務可以被看作是尊重食物權義務的一部分。

第二層義務涉及保護食物權的義務。在這裏，我們發現有義務保護個人免受其他行為者對食物權的干涉。例如，國家可能有責任監管食物安全。某些情況下，這要求國家保護與土地有密切文化聯繫的人（如土著人民）享有土地所有權。

第三層次的義務有“實現、幫助、促進或提供”之類的不同表述。這意味著，一方面，通過刺激就業、開展土地改革、改善交通以及發展運輸和儲存設施等，增加獲取糧食的機會，確保糧食安全。另一方面，國家可能必須提供食物或社會保障，以在《世界人權宣言》（本章前面引用過）提及的“失業、疾病、殘廢、守寡、衰老或其他不能控制的情況下”，滿足人民的基本需求。

近年來，由於水已經被視為全球公共服務的一部分，“水權”備受關注。水權經常被歸入食物權之下，在公用事業私有化的背景下越來越多地被提及；特別是在涉及跨國公司的情況下，這些公司被指控定價過高，使部分人負擔不起，從而剝奪了他們享有的水權。

教育

受教育權對於增強人們享受其他權利的能力至關重要。受教育權不僅要求國家不能通過關閉學校、歧視某些學生等行為干涉該權利，還要求國家向所有人提供免費的初等義務教育以履行實現權利的義務。受教育權已經在理論上得到了發展，包括所謂的的"4A"標準：可獲得性、可及性、可接受性和可調試性（availability，accessibility，acceptability，adaptability）（可能也有人耳邊回響起 3R 標準──閱讀、寫作、算術）。

第一，在功能上，教育必須具有可獲得性，用聯合國經濟、社會和文化權利委員會的話來講，必須有"免受外界影響的保護，為兩性提供的衛生設施，安全的飲用水，獲得國內具有競爭力的工資且訓練有素的教師，（以及）教學材料"。已故的聯合國專家卡特琳娜‧托馬舍夫斯基（Katerina Tomaševski）指出，要使可獲得性具有實質意義而不是流於形式，學校必須對兒童具有真正的吸引力。學校不僅應該在形式上對男女開放，還應該受到監督以確保學校裏真正地同時既有女生，也有男生。教學不足或缺乏相關的教科書將意味著，兒童和家長會認為即使能夠進入學校也沒有什麼意義，進而意味著政府沒有充分履行向所有人提供免費的初等義務教育的義務。

第二，國家必須確保學校和課程對所有人來說都是負擔得起的。這一點包括三方面的內容。首先，可及性意味著不歧視。這是國家的一項即時性義務。但是，只要旨在實現男女平等或弱勢群體平等的平權措施或"臨時特別措施"在不必要的情況下不再持續實施，就不存在違反不歧視規則的情況。歧視女童仍然是一個現實問題。例如，女童可能會因為懷孕而被驅逐出學校，這侵犯了她們的受教育權。此外，一些父母認為，對女兒的教育投入在經濟上是不明智的；他們因此會優先考慮兒子的教育。可及性的第二個維度是實際可獲取性。這意味著殘疾兒童不會因為建築物的設計而被排除在外，而且教育設施在物理上是觸手可及的。第三個方面是經濟上的可及性。雖然國際法要求，初等教育應該免費，但是關於中等教育的義務強度較弱，僅要求逐漸實現免費的高中教育。這意味著，儘管應該優先保障免費的初等教育，政府也必須採取具體步驟，確保實現免費的高中教育和高等教育。

第三，可接受性概念被用來描述確保以一種兒童和父母能夠接受的方式提供教育的重要性。一個可接受的環境不僅與物質條件和無暴力相關，還要能夠允許兒童學習發展。學校體罰是對兒童權利的侵犯，用人權語言來表述，校園霸凌可能被認定為殘忍的、不人道的或者有辱人格的待遇。

第四，受教育權的第四個方面是可調試性，該概念引發了關於教育的一些根本性問題。教育的目的是什麼？由誰決定？如果教育僅僅只是為了進入下一個教育階段（有時是選擇性的），那麼一些孩子將會對生活缺乏準備。

健康

健康權並不意味著我們享有保持健康的權利。聯合國專家保羅‧亨特（Paul Hunt）將健康權定義為：

> 享受一套有效的、綜合性的健康制度的權利，包括衛生保健和健康的基本決定要素，而且它們應該回應國家和地方的優先事項，為所有人可得。

他用可獲取性概念表明，健康權意味著衛生保健：

> 必須讓所有人都能獲得，不能只有富人，還應該包括那些生活在貧困中的人；不能只有人口佔多數的民族，還應該包括少數民族和土著人民；不能只有居住在城市的人，還應該包括偏遠地區的村民；不應只有男人，還應該包括女人。衛生保健服務必須對弱勢群體和社區而言都具備可獲取性。

聯合國經濟、社會和文化權利委員會採用我們之前討論食物權時用過的尊重、保護和實現的三重義務解釋健康權。

首先，尊重義務要求國家避免採取可能妨礙人們享受權利的措施。因此，國家有義務通過包括以下措施在內的方式尊重健康權：（1）不能剝奪或限制所有人得到預防、治療和減輕痛苦的衛生服務的平等機會；（2）不得禁止或阻撓傳統的預防護理、治療辦法和醫藥；（3）不得銷售不安全藥品；（4）不得採用帶有威脅性的治療辦法；（5）不得限制獲得避孕藥具和其他保持性健康和生殖健康有關的資訊；（6）不得審查、扣押或故意提供錯誤的健康資訊，包括性教育及有關資訊，也不得阻止人民參與健康方面的事務。

其次，保護義務要求國家採取措施，防止第三方干涉獲得充足的衛生保健的權利。保護義務因此包括下列國家責任：（1）通過立法或採取其他措施，確保平等地獲得第三方提供的衛生保健和衛生方面的服務；（2）確保衛生部門的私營化不會對衛生設施、物資和服務的可提供性、可獲取性、可接受性和品質構成威脅；（3）控制第三方行銷的醫療設備和藥品；（4）防止第三方強迫婦女接受諸如切割女性生殖器等傳統習俗；（5）採取措施保護社會中的所有脆弱和邊緣群體，特別是婦女、兒童、青少年和老年人。

最後，實現的義務要求國家採取積極措施，使個人和群體能夠享受健康權。實現的義務要求國家，例如：（1）在國家、政治和法律制度中充分承認健康權，最好是通過立法實施；（2）制定一個國家的衛生政策，其中載有實現健康權的詳細計劃；（3）確保提供衛生保健，包括針對主要傳染病的免疫計劃；（4）保證所有人都能平等地獲得健康的基本決定因素，如營養安全的食物和清潔飲用水、基本的衛生設施以及適足的住房和生活條件；（5）保證對醫生和其他醫務人員進行適當培訓，提供足夠數量的醫院、診所和其他衛生設施，並適當考慮在全國的公平分配；（6）提供所有人都能負擔得起的公共、私營或混合健康保險制度；（7）促進醫學研究和健康教育；（8）開展宣傳活動，特別是在愛滋病病毒、性健康和生殖健康、傳統習俗、家庭暴力、酗酒和吸煙、使用毒品和其他有害藥物等方面的宣傳。

這一切在紙面上看起來很完美，如果讓它們自己去做，絕大多數政府都會聲稱它們正在盡其資源所及，盡最大努力逐漸實現所有目標。因此，亨特和其他專家著手開發了一套使用指標和基準的問責框架模式。下面就是它的工作原理。首先，需要選擇關鍵指標。例如，熟練保健人員助產的比例可以作為一個指標。應當按性別或其他相關特徵將它們分類。挑戰在於要確保所有的公共機構和人權機構選擇的指標相同。其次是政府設立國家基準，作為一個有時限的目標。政府將提出各種不同的國家基準。相關的條約監督機構應該批准或調整這些基準，以保證國家履行其在這方面的國際義務。最後，作為普遍定期審議的一部分，這些基準應該接受不同的國際和國內相關機構的審查；通過這種方式，可以監測到進步或倒退，如果必要的話，可以進行修改。在這裏，我們並沒有涉及針對侵犯權利的行為採取的司法上可強制執行的補救措施；我們在思考健康、貿易或發展問題的時候，立足人權的方法關注參與、問責、不歧視、賦權，以及與國際法律標準的聯繫等概念。

當今在健康權方面頗具爭議的問題是人們所認為的健康權與跨國製藥公司知識產權的衝突問題。雖然在某些法律制度中，國家可能有義務以保障社會福利的方式保護知識產權，但是知識產權不是像免遭酷刑權那樣的絕對人權。公司從銷售藥品中獲得足夠利潤，從而為進一步的研發提供資金。國家必須在這一點與那些需要獲得保健服務的人的人權之間進行平衡。到目前為止，這個問題仍然是一個政治行動問題，而不是一個對相互競爭的權利進行司法權衡的問題。

住房

我們已經明白，健康權並不意味著個人有權向政府索取無限資源。同樣地，斯科特·萊基（Scott Leckie）在他關於住房權的一篇重要文章中開宗明義，提出要讓讀者明白，"很明顯，設定住房權規則的法律文本並不是為了確保每個人都有權居住在被精心佈置的花園環繞的奢華豪宅中"。住房權自從 1948 年被寫入《世界人權宣言》以來，"適足"（adequacy）這一概念便成為住房權發展的核心。該概念使我們超越了最狹窄的住房概念，即頭上有一片屋頂，並將我們的注意力集中在權利持有者關心的重要問題上。評論家們又一次使用尊重、保護和實現框架來充實與住房權相關的國家義務。實際上，阿斯比約恩·艾德（Asbjørn Eide）認為：

首先，各國有義務尊重人們自己興建住房的權利，不進行強迫驅逐或遷移。其次，它們必須保護人們對現有住房擁有的居住權，使其免受第三方干擾或不當驅逐；而且，必須通過、執行必要的法規以確保必需的住房品質。再次，它們有義務行使管理職能以使每個人更容易找到負擔得起的住房。最後，在特殊情況下，針對特殊的弱勢群體，當個人或團體無法自行解決住房問題時，國家必須提供必要的住房。

　　或許，該領域最受關注的問題是，在人權法定義的"強迫驅逐"背景下必須制定的法律和程序保障措施。對強迫驅逐的普遍禁止是一種即時義務。即時義務目前是住房權利運動的核心。部分人關注的焦點是大規模的開發項目。反過來，這又促使經濟合作與發展組織和世界銀行通過了非自願重新安置的準則。

　　在某些情況下，這些詳盡的指導方針、準則和建議被用來防止或制止強迫驅逐，並提醒政府住房是一個人權問題。但事情並非這麼簡單。就像隱私權等一些其他權利一樣，住房權可能與其他基本權利訴求發生衝突。考慮一下印度古吉拉突邦人民獲得水的權利，以及那些從因納爾默達大壩項目（Narmada Dam Project）完工而被河水淹沒地區遷移出去的人民的權利。援引人權並不會解決這種窘境。但是，可以援引與人權原則相關的專業用語對決策過程進行評估。印度最高法院的多數人都很謹慎，避免用一套權利訴求的司法偏好取代政府的決定：

> 必須考慮相互衝突的權利。如果對於古吉拉突邦人民而言，僅僅有一種解決辦法，那就是建設水壩，但是建設水壩又會對另一部分人造成負面影響，他們的住房和耕地將被水淹沒……當政府經過適當考慮並充分運用智慧作出決定後，法院不得對該決定提起上訴。

然而，在國際層面，人權法院有時可能認為自己必須介入解決社區受到的威脅，並不太考慮它們的行為對民主決策的干預。2013 年，非洲人權與民族權法院（African Court of Human and Peoples' Rights）的首批裁決之一就命令肯尼亞恢復與土地交易有關的限制，以保護居住在茂烏森林（Mau Forest）的 15000 名奧吉克社區（Ogiek Community）成員的權利。

在結束本節對住房的討論時，我們應該指出，現在一些損害住房權的行為構成了國際罪行，引發了個人刑事責任。從《國際刑事法院羅馬規約》規定的罪行開始，我們可以說，任何涉及廣泛或系統性地針對任何平民人口的驅逐或強行遷移的行為都構成危害人類罪。直接相關的是毀壞房屋的戰爭罪。這方面的法律十分複雜，其承認在武裝衝突中會有一些必要的破壞，但有人可能會提出以下三種不同的戰爭罪：第一，無軍事上的必要，非法和恣意地廣泛破壞和侵佔財產的戰爭罪行；第二，在國際武裝衝突中，故意發動攻擊，明知這種攻擊將附帶造成平民傷亡或破壞民用設施或致使自然環境遭受廣泛、長期和嚴重的破壞，其程度與預期得到的具體和直接的整體軍事利益相比顯然是過分的；第三，在內戰背景下，摧毀或沒收敵對方的財產，除非這種摧毀或破壞為衝突所必需。

那些命令、協助或實施此類破壞住房的人犯下了戰爭罪，可能會遭到起訴，不僅可能在相關的國際刑事法庭被起訴，也可能在願意審判這些戰爭罪嫌疑人的國內法院被控告。

工作

在國家和地方層面，有各種各樣的爭取工人權利的鬥爭，包括反對奴隸制和強迫勞動，要求體面的工作條件和公平的工資，爭取組織和加入工會的權利，以及罷工的權利。在某些方面，這些運動早於現代人權運動。"一戰"後，在俄國革命的背景下，國際勞工組織於 1919 年成立，國際勞工組織詳細闡述了關於工作的國際標準和程序。在那時，國際社會的關注被認為是制衡不斷增長的、承諾維護工人權利的共產主義的關鍵手段。在兩次世界大戰期間，社會正義被視為實現持久和平的必要條件。國際勞工組織制定了許多詳細的條約，並建立了監測各種標準實施情況的完備機制。

1998 年，圍繞世界貿易組織的國際貿易法律制度，保護工人權利的討論出現了分歧，一個新的時代開始了。正如在外交政策一章中提到的那樣，通過貿易制度中的社會條款引入勞工權利問題引發了很多擔憂，這將會導致富裕的國家不再從發展中國家進口，因為那些國家的工人既沒有獲得合理的報酬，也不享有在發達國家可享有的勞工權利。所以，發展中國家便無法從廉價勞動力這一比較優勢中獲利。於是，工人權利問題應被移出貿易領域，由國際勞工組織來處理。國際勞工組織重新審視了國際勞工權利。這些權利在《國際勞工組織關於工作中基本原則和權利宣言》（*The ILO Declaration on Fundamental Principles and Rights at Work*）中被精簡，並重新做了規定。其原則如下：結社自由和對集體談判權的有效承認；消除一切形式的強迫或強制勞動；有效廢除童工；消除就業與職業歧視。

人們越發意識到，以國家為中心的解決問題方式無法控制大公司在全球化市場中的活動，多項旨在加強公司問責的倡議由此出現。行為準則、合乎道德的投資方案、經濟合作與發展組織相關的國家內部的 "國家聯絡點"，以及雄心勃勃的法律訴訟，都試圖把焦點集中於企業造成的侵權行為上。2005 年，聯合國授權約翰·魯格（John Ruggie）確定並澄清企業責任和問責相關的人權標準。2011 年，人權理事會核定了由此制定的《指導原則》，該原則以保護、尊重、補救框架為基礎，包括三個支柱：

- 國家通過有效政策、法律、條例和裁定保護在其領土和／或管轄範圍內人權不受第三方包括工商企業侵犯的義務；
- 工商企業尊重人權的獨立責任，這意味著它們應避免侵犯其他人的人權，並應在自身捲入時，消除負面人權影響；
- 使受害者獲得更多有效的司法和非司法補救。

一項關鍵原則是企業有責任尊重各種人權。這非常重要，因為多年以來企業通常會如此回應："人權？這不關我們的事！"然而，即使我們已經有了更加清楚的規範框架，有效補救依然罕見。在企業不按照支柱二的規定尊重人權的情況下問責嚴重不足，《聯合國工商業與人權指導原則》中的原則 12 寫道：

> 12. 工商企業尊重人權的責任指的是國際公認的人權，在最低限度上，可理解為《國際人權憲章》以及關於國際勞工組織《工作中基本原則和權利宣言》中所載明各項基本權利的原則闡明的那些權利。

《經濟、社會和文化權利國際公約》中包含工作權。然而，聯合國經濟、社會和文化權利委員會提醒道："工作權利不應當被理解為一項絕對和無條件地獲得工作的權利。"

如同本章中我們已經分析過的一些其他權利那樣，工作權概念實際上並不能產生明顯的即時權利。工作權的構成非常複雜。第一項是免遭強迫勞動的權利。第二項權利要求應該有進入勞動力市場的權利。第三，應該有安全的工作條件和公平的薪酬。第四，必須承認組織工會的權利。第五，工人有權不受歧視，不遭到不公平的解僱。最後，每個人都有權在失業的情況下獲得社會保障。

當然，前面章節中我們遇到的一些限制在這裏也適用。國家可以對外國人（遷徙工人）進入勞動力市場施加某些限制；但是，一旦獲得就業，通常沒有任何理由歧視外國人。

人權並不總被認為能夠支持工會運動的願望。曾經有法官認為，組織工會的權利應包括一項"消極的結社權"，即工人有權拒絕加入工會。也有人試圖將工會成員的罷工或抵制運動看作是對僱主權利的侵犯，即罷工的工人侵犯了僱主拒絕與工會達成協議的權利。

雖然工作中的結社自由和免遭不公平解僱的原則可能已經得到了普遍承認，但是這些權利的實施細節依然取決於意識形態、政治力量和文化背景。一些國家有著悠久的傳統，認可在工作條件協商中讓工會發揮核心作用具有重要意義；另一些國家則將工會看作靈活性和競爭力的障礙。但這些都是不固定的，可能會隨社會發展而變化，也可能會因民主進程中新出現的多數人意見而變化。

區域一體化，如歐盟，在一定程度上促進了勞工權利的協調，以便保證內部市場的公平競爭。確保歐洲競爭環境的公平這一經濟邏輯不僅催生了保障男女同工同酬的具體規則，還催生了工作場所騷擾相關的新的保護性規定。此外，歐盟法律要求禁止種族和宗教歧視，以及工作場所中基於殘疾、年齡和性取向的歧視。現在，讓我們更仔細地研究一下歧視問題。

第八章

歧視與平等

8

正如我們在本書中所看到的，在享受所有權利的時候，歧視都是被禁止的。我們發現，不僅在公民權利和政治權利（例如免遭任意監禁、表達自由、政治參與、結社自由）方面，有禁止歧視的即時義務，而且在食物、水、健康、教育、住房和工作領域也有。現在，我們應該思考一下禁止歧視的理由，可能會出現哪些新的理由，以及什麼時候能夠將區別對待認定為合理，從而認定其合法。

本書開篇提到，一些人認為人權的基礎可以追溯到兩個孿生的主張：人人生而平等的尊嚴和權利，以及所有人都必須得到平等的關心和尊重。對於道德哲學家來說，我們為什麼要以這種方式對待他人，以及我們到底應該在多大程度上確保他們得到這種尊重，仍然是一個棘手的問題。相關討論通常傾向於承認，每個人都有"神聖"之處；雖然出生時存在明顯的不平等，但是公正和公平要求我們設計一種制度，賦予每個人都能平等地獲得機會，也有人建議，通過資源再分配以確保在實現結果平等的進程中優先考慮最不富裕的人。這些關於人權的哲學方法為禁止歧視的人權規則提供了很大的支撐，並為制定這些規則以便在全球範圍內實現更廣泛的社會公正提供了道德依據。

研究不歧視原則的另一種方式是通過人權運動和組織人權運動的人權活動家的視角來考察：反奴隸制，爭取婦女權利的鬥爭，反殖民主義，反種族隔離，反種族主義。歧視還是滅絕種族概念和危害人類罪概念的核心與本質。因性別、膚色或宗教而受到不利對待所造成的不公正現象是目前不受歧視這一項人權面臨的挑戰。1948 年《世界人權宣言》聲明：

> 人人皆得享受本宣言所載之一切權利與自由，不分種族、膚色、性別、語言、宗教、政治或其他見解、國籍或社會出身、財產、出生或其他身份等任何區別。

首先需要注意的是，禁止歧視僅限於享受《世界人權宣言》所列舉的其他權利。自那時以來，國際和國內規則已將不歧視的義務範圍擴展到了絕大部分生活領域，以包括政府之外的私人行為者（非國家行為者）的行為。應禁止房東、酒店、餐館、僱主、運輸公司、水電供應者、公園、游泳池、保險制度等領域，基於上述任何理由的歧視。其次需要注意的是禁止歧視的理由並不完整。也可能有其他需要禁止的理由。負責監督 1966 年通過的人權兩公約法律義務實施情況的聯合國委員會已經將不歧視義務的範圍擴展到在享受公約規定的權利時，禁止基於下列理由的歧視：性取向、健康狀況（包括愛滋病／病毒）、身體或精神殘疾、年齡，以及國籍。再次，需要明白的是，在某些情況下，基於某種特殊理由對人進行區別可能是合理的，例如宗教學校可以僅招聘相關宗教的信徒。

合理差別與年齡問題

一個關於年齡歧視的案件有助於解釋合理差別概念。一名澳大利亞航空公司飛行員洛夫（Love）先生向人權事務委員會提起申訴，指控澳大利亞航空公司強制要求他在 60 歲退休的情況構成了《公民權利和政治權利國際公約》下的非法歧視。第一，委員會認定，年齡能夠被視為禁止歧視的理由，即使該公約的平等條款中並未明確提及年齡，年齡也屬於被禁止歧視的 "身份"。第二，委員會注意到，強制規定退休年齡確實可以通過限制終身工作來為工人提供保護。第三，人權委員會承認，這種基於年齡的區別對待能夠實現合法目的：最大限度地保障乘客和其他人的安全。這既不武斷，也合乎情理。套用一位委員會專家，印度最高法院巴格瓦蒂（Bhagwati）法官的話來說：並不是每一種區別對待都會帶來歧視性的惡果。

同性關係和宗教

在同性婚姻等新領域，人權推理也居於爭取平等權利的核心。甚至在國際人權法還沒有任何相關進展之前，南非憲法法院就已經作出了支持兩名女性締結婚姻的判決。一方面，該案開啟了憲法的適用先河；另一方面，該案判決是對人權哲學合乎邏輯的拓展。在代表最高法院的發言中，阿爾比·薩克斯（Albie Sachs）法官解釋說：

> 一個民主的、普遍性的、充滿關懷的、高度追求平等的社會包容所有人，並欣然接受每一個人原本的樣子。因為個人身份而懲罰他們是對人格的極其不尊重，破壞了平等。平等意味著平等的關懷以及對個體差異的尊重。它不以消除或壓制差異為前提。尊重人權要求肯定自我，而非否定自我。

現在，儘管現在全世界範圍內可能有近 40 個國家允許同性婚姻或類似制度，但根據人類尊嚴信託組織（Human Dignity Trust）的資料，仍有 79 個司法管轄區制定了將成年人之間私人的、自願的同性性行為定罪的法律（詳見專欄 36）。通常，此類立法以宗教為辯護理由。在許多案件中，尊重宗教信仰和確保平等之間的緊張關係暴露無遺，這些案件涉及以宗教理由拒絕向同性伴侶提供服務或不能在工作中佩戴宗教標誌。讓我們看看歐洲人權法院最近合併判決的 4 個案件的背景。案件之一由一名擔任婚姻登記員的基督教徒提起，她因拒絕主持同性伴侶結成民事伴侶的儀式而失業；第二個案件由一位拒絕為同性伴侶提供諮詢的戀愛顧問提起。在這兩種情況下，法院都認為僱主（第一種情況是公共當局，第二種情況是私營公司）是為了實現確保平等這一合理目標。另外兩起案件涉及一名護士和一名英國航空（British Airways）的員工；基於健康和安全因素，那名護士被禁止佩戴十字架；那名航空公司的員工也同樣被禁止佩戴十字架，但後一個案件中的理由是該公司希望樹立某種企業形象。護士的訴求沒有獲得支持，但英國航空員工得到了支持，因為法院認為航空公司對企業形象相關的理由重視過度了。所以，確定差別措施何時具有歧視性仍然是一項非常具體的工作。

專欄 36

人類尊嚴信託組織（2014），79 個司法管轄區將成年人之間私人的、自願的同性性行為定罪

阿富汗、阿爾及利亞、安哥拉、安提瓜和巴布達、孟加拉國、巴巴多斯、伯利茲、不丹、博茨瓦納、文萊、布隆迪、喀麥隆、科摩羅、科克群島（新西蘭準成員）、多米尼加、埃及、厄立特里亞、埃塞俄比亞、岡比亞、加沙（被巴勒斯坦佔領的領土）、加納、格林納達、幾內亞、圭亞那、印度、印度尼西亞（南蘇門答臘島和亞齊省）、伊朗、伊拉

克（狀況不明）、牙買加、肯尼亞、基里巴斯、科威特、黎巴嫩、利比里亞、利比亞、馬拉維、馬來西亞、馬爾代夫、毛里塔尼亞、毛里求斯、摩洛哥、莫桑比克、納米比亞、瑙魯、尼日利亞、阿曼、巴基斯坦、巴布亞新幾內亞、卡塔爾、聖基茨和尼維斯、聖盧西亞、聖文森特和格林納丁斯、薩摩亞、沙特阿拉伯、塞內加爾、塞舌爾、塞拉利昂、新加坡、所羅門群島、索馬里、南蘇丹、斯里蘭卡、蘇丹、斯威士蘭、敘利亞、坦桑尼亞、多哥、湯加、特立尼達和多巴哥、突尼斯、土庫曼斯坦、圖瓦盧、烏干達、阿拉伯聯合酋長國、烏茲別克斯坦、也門、贊比亞、津巴布韋。

在美國，一所公立大學拒絕給名為基督教法律協會（Christian Legal Society）的學生組織提供資助，因為該組織實施了一項政策，將那些從事 "頑固不化的同性戀行為" 或持有與其信仰不同的宗教信仰的人開除；2010 年，美國最高法院判定，該案中不存在對言論或結社自由的侵犯。多數法官似乎被大學的政策說服了，其政策將背景和信仰不同的人聚集在一起，進而推動學生之間的寬容、合作與相互學習。用肯尼迪法官（Justice Kennedy）的話說，"如果學生把自己與相反觀點隔離開來，就不可能會有生機勃勃的對話"。

不同國家的法院已經遇到了女同性戀和男同性戀提起的一系列訴訟，因為宗教原因，他們被賓館拒絕。

外國人

　　一個重要的平等問題涉及允許對非公民採取的限制措施。一方面，對非公民的歧視是種族主義或者仇外心理的一種表現形式，令人不適，不合邏輯。另一方面，大家普遍認為國家應該能夠控制移民，限制誰能夠參加投票和參加選舉，在就業機會、保健、教育方面進行限制。然而，人權原則要求，這種區別對待必須與合法目的相稱。所以，禁止外國人從事情報工作能夠被認定為與保障國家安全這一目標相稱。向外國人收取更高昂的大學學費的規定，能與確保當地納稅人受教育機會的目標相稱。再者，遷徙工人不僅受到專門條約（僅在少數國家實施），還有許多國際意見和解釋性聲明的保護。聯合國消除種族歧視委員會指出：

　　　　締約國的確可以拒絕向沒有工作許可證的非公民提供工作，但是，所有人均享有勞動權和就業權，包括在僱傭關係建立到結束的時間段內享有集會和結社自由權。

委員會提醒這些國家：

　　　　採取有效措施，預防和解決非公民勞工通常面臨的嚴重問題，尤其是非公民家政工人面臨的嚴重問題，包括債役、扣押護照、非法禁閉、強姦和人身攻擊等。

這就引出了販賣人口的現象。販賣人口現象表明，人權框架是如何從簡單地關注平等轉向發展新的保護措施。販運使其受害者在目的地國遭受進一步虐待，包括侵犯了不受強迫勞動的權利和不受非人道待遇的權利。2000 年通過的"預防、禁止和懲治販運人口"議定書旨在處理通過脅迫、欺騙手段招募、運送、轉移、窩藏或接收人員的人口販子。他們的目的是剝削，包括"至少包括利用他人賣淫進行剝削或其他形式的性剝削、強迫勞動或服務、奴役或類似於奴役、勞役或摘取器官的做法"。該條約明確規定受害者的同意與否與剝削的認定無關。該條約沒有解決人口販運受害者的問題，而是側重於建立對人口販運者的刑事管轄權。然而，被販運婦女的命運只能參考相當含糊的規定，即要求接收國考慮採取措施，允許這些婦女留下來。締約國仍然準備選擇將被販運的婦女驅逐出境的辦法，從而使那些婦女不願尋求保護，並且在有些情況下會使她們在原籍國面臨進一步風險。在很大程度上，確保所有男性和女性享有人權的承諾在很大程度上辜負了人口販運的受害者。與允許將非國民驅逐出境的規則相比，平等原則被證明是相當空洞的。

人權不受歧視的一個問題是，它通常假設個人在試圖行使其他權利時受到了歧視。遷徙工人和人口販運受害者不享有進入一個國家或者它的勞動力市場的權利。此外，歧視原則有賴於一種比較思想。如果你受到的待遇不如處於同等地位的其他人，那麼人權就遭到了侵犯。如果沒有明顯的比較對象該怎麼辦呢？因懷孕受到歧視的婦女、正面臨文化滅絕危險的少數民族，可能會發現歧視原則幾乎毫無用處。另一個問題涉及平權措施（也稱為積極歧視）。在面對種族和性別歧視的情形下，人權原則確實允許採取積極歧視，但這些措施顯然有可能被當作新的歧視形式而遭到挑戰。任何平權措施的可接受性均完全取決於其所處的背景。同樣，不同的社會在實現某些少數群體或弱勢群體在社會各部門的代表性方面，會有不同的優先次序。

針對婦女的暴力行為

儘管不歧視概念面臨這些基本問題，但是人權框架和平等觀念已被調整，以便發動制止暴力侵害女性的運動（詳見圖 13 和專欄 37）。

最近，圍繞解決與衝突有關的性暴力問題開展了高層動員，聯合國秘書長點名指出了安理會議程上武裝衝突局勢中的強姦和其他形式性暴力的責任各方。但相關方在乎嗎？點名羞辱無恥之人有何意義？可能與直覺相反，但確實有許多例子表明，不僅政府，還有大多數反叛團體最終都渴望合法性，以繼續獲得資助和某種形式的道德優勢（即使是與它們交戰的其他反叛組織或他們正在戰鬥的政府相比）。在聯合國之外，"日內瓦呼籲"（Geneva Call）等民間社會團體通過讓交戰團體簽署禁止地雷、保護兒童、禁止性暴力和性別歧視的"承諾書"，成功地改變了叛亂行為。

圖 13　大赦國際備受矚目的運動。圖中派翠克·斯圖爾特（Patrick Stewart）舉著牌子，鼓勵人們公開支持將反家庭暴力認定為一個人權問題。

大赦國際，"一切在我們手中：制止對婦女的暴力行為"

　　婦女權利活動家的成就之一是證明了對婦女的暴力是對人權的侵犯。這轉變了人們的觀念，將暴力對待婦女問題從私人問題轉變為公眾關注的問題；這就意味著公共當局應該採取行動。並行發展的國際性和地區性人權標準強化了此項問責制。將暴力侵害婦女行為框定為人權問題，為反暴力活動人士的工作創造了共同的語言，並促進了全球和區域合作網絡……

　　人權框架最有力的特徵之一是人權具有普遍性的這一核心原則，即所有人都因是人而享有平等的權利。對普遍性的呼籲有力地反擊了為暴力侵害婦女行為辯護的最常見的藉口之一，即暴力是可以接受的，因為它是社會文化的一部分。所有人都應被賦予同等的權利，文化或傳統不能成為侵害婦女基本人權的藉口。普遍性不是求同捨異。只有從豐富多樣的不同文化與經驗來理解人權，人權才能真正具有普遍性。

殘疾人

　　2006 年的《殘疾人權利國際公約》標誌著將殘疾作為一個國際關注事項處理方式的一個轉折點。正如奎因（Quinn）和馬霍尼（Mahony）所解釋的那樣（處理殘疾問題的預設方式），是"慈善、家長式作風和社會政策的混合體"。向人權框架的轉變帶來了新的可能,不僅確保不歧視,而且為確保有意義的平等形式提供了新的可能性。奎因和馬霍尼再次說道:

> 殘疾語境下的人權革命必須凸顯殘疾背後的人,並使所有人都能享受"法治"的益處,而不僅僅是某些人或大多數人。最重要的是,要將殘疾人視為具有完整法律人格的"主體",區別於需要管理和照顧的"客體"。

該公約超出了非歧視的範圍,規定了保障殘疾人人權所需的措施。特別是,它使用的"合理便利"概念從形式平等走向了實質平等,擺脫了兒童權利相關的"最佳利益"方法,轉向將法律面前的平等承認與"決策支持"相結合(詳見專欄 38)。

專欄 38

《殘疾人權利國際公約》*

締約國應當禁止一切基於殘疾的歧視,保證殘疾人獲得平等和有效的法律保護,使其不受基於任何原因的歧視。

"基於殘疾的歧視"是指基於殘疾而作出的任何區別、排斥或限制,其目的或效果是在政治、經濟、社會、文化、公民或任何其他領域,損害或取消在與其他人平等的基礎上,對一切人權和基本自由的認可、享有或行使。基於殘疾的歧視包括一切形式的歧視,包括拒絕提供合理便利。

為促進平等和消除歧視，締約國應當採取一切適當步驟，確保提供合理便利。

　　"合理便利"是指根據具體需要，在不造成過度或不當負擔的情況下，進行必要和適當的修改和調整，以確保殘疾人在與其他人平等的基礎上享有或行使一切人權和基本自由。

　　本公約的原則是：

　　（1）尊重固有尊嚴和個人自主，包括自由作出自己的選擇，以及個人的自立；

　　（2）不歧視；

　　（3）充分和切實地參與和融入社會；

　　（4）尊重差異，接受殘疾人是人的多樣性的一部分和人類的一份子；

　　（5）機會均等；

　　（6）無障礙；

　　（7）男女平等；

　　（8）尊重殘疾兒童逐漸發展的能力並尊重殘疾兒童保持其身份特性的權利。

　　締約國應當確認殘疾人在生活的各方面在與其他人平等的基礎上享有法律權利能力。

　　締約國應當採取適當措施，便利殘疾人獲得他們在行使其法律權利能力時可能需要的協助。

*（節選，著重部分由作者標明）

168

第九章
死刑

關於死刑的最後一章很簡短，是為了提醒我們注意，人們對於"什麼是人權問題"的態度隨時間而變化。對於18世紀法國和美國宣言的起草者而言，他們無法想像把廢除死刑當作他們權利宣言的一部分。即使在1945年，參加過"二戰"的"聯合國家"也沒有就該問題達成一致性意見，1948年的《世界人權宣言》明顯沒有提到這一點。在當代，世界上大約一半國家已經正式廢除了死刑，其餘的國家中僅有少數幾個還在使用死刑（詳見專欄39）。

有人可能會質疑死刑是否真的應該被視為一個人權問題。如果禁止死刑的條約仍然沒有被簽署，當選的立法者選擇保留這種形式的刑罰，那麼聲稱死刑被普遍禁止的基礎就很薄弱了。對這些爭議的簡單回應是，死刑侵犯了生命權，因此是錯誤的；再者，如果我們相信應該絕對禁止酷刑和不人道的刑罰，那麼死刑這種不可撤銷的終極懲罰措施至少也應該作為一種不人道的懲罰而被禁止。對於一些組織和個人來說，沒有必要超越這種邏輯結論。

大赦國際，關於死刑的事實和數字（2014 年）

據悉，至少有 55 個國家的 2466 人在 2014 年被判處死刑。與 2013 年相比，增加了 28%，2013 年 57 個國家的 1925 人被判處死刑。主要原因是埃及（從 2013 年的 109 例到 2014 年的 509 例）和尼日利亞（從 2013 年的 141 例到 2014 年的 659 例）的死刑判決急劇增加，這兩個國家的法院在某些案件中作出了大量死刑判決。

截至 2014 年底，全球至少有 19094 人被判處死刑。

巴巴多斯、伊朗、馬來西亞、巴基斯坦、新加坡以及特立尼達和多巴哥繼續判處強制性死刑。強制性死刑判決與人權保護相悖，因為它不允許考慮被告人的個人情況或特定犯罪的原委。

目前，世界上超過三分之二的國家已在法律或實踐中廢除了死刑。截至 2014 年 12 月 31 日，資料如下：

廢除針對所有罪行的死刑的國家數量：98

僅廢除針對普通罪行的死刑的國家數量：7

實踐中廢除死刑的國家數量：35

法律或實踐中廢除死刑的國家總數：140

保留死刑的國家數量：58

然而，正如剛剛所述，"二戰"後各國政府無意在保護生命權的人權文書中廢除死刑。主要的人權條約草案都規定了對生命權的限制；經公正審判後，依法執行死刑的情況下，生命可以被剝奪。那麼，讓我們來研究一下應該如何解釋允許適用於死刑的人權條約。死刑有哪些程序保障？哪些罪行可以被判處死刑？哪些人能夠被判處死刑？哪些死刑執行方式應該被禁止？

禁止任意剝奪生命的概念意味著，死刑判決只有在經過公正審判後才能做出，而且必須要有適當保障，包括由獨立公正的法庭審理、無罪推定、最低限度的辯護保證，以及要受到更高級法院的審查。

各國一致認為，判處死刑應該僅限於最嚴重的罪行。聯合國人權理事會特別報告員菲力浦‧阿爾斯通在認真研究了聯合國實踐之後得出結論："只有在能夠證明蓄意殺人並導致他人喪失生命的情況下，才能判處死刑。"

回到死刑本身，我們會遇到普遍性人權的範圍問題：什麼是普遍性人權，什麼不是。各國政府在什麼是可接受的，什麼是不可接受的問題上存在分歧。但是，認為政府、國家、民族或文化永恆不變的觀點是錯誤的。南非廢除了死刑，因為它的憲法法院於 1995 年裁定，死刑違反了憲法上有關禁止殘忍、不人道或有辱人格的待遇的規定。其他司法管轄區正在繼續評估在其憲法保護下，什麼時候死刑可能是不可接受的。美國最高法院在 2002 年裁定，禁止對 "智力發育遲緩的人" 判處死刑，因為這違反了憲法中禁止 "殘忍、不尋常的刑罰" 的規定。2005 年，美國最高法院裁定，對犯罪時是未成年人的罪犯判處死刑是違憲的。因此，相對而言，現在沒有爭議的一點是，國際法規範禁止處決少年犯、精神病患者和孕婦。一些人權文件還禁止對 70 歲以上的人、精神失常的人和哺乳中的母親執行死刑。

　　圍繞執行死刑的條件也產生了一系列令人感興趣的與執行死刑相關的禁止性規定。第一，禁止死刑已經被解釋為禁止廢除死刑的國家將個人引渡或驅逐到可能遭受死刑的任何其他地方。第二，人們認為，等待數年才能用盡上訴的焦慮等待等同於不人道的待遇（具有諷刺意味的是，解決辦法是加快審判和執行之間的過程）。第三，處決方式可能被認定為構成了殘忍或不人道的待遇；在即將被引渡的個人可以利用流程阻止會導致不人道懲罰的引渡的情況下，這一點可能很重要。注射死刑因為所用藥物的殘忍性而受到質疑（詳見圖 15），歐盟已禁止出口巴比妥麻醉劑，因為它們可被用於執行死刑。因為很難獲得此類藥物，美國一些州考慮重新引入槍決隊和電椅。為了完整起見，我們也許應該提到，禁止出口巴比妥麻醉劑的法規同時也禁止出口電椅、絞刑架和斷頭台（詳見圖 15）。第四，違反公正審判相關規定可能意味著隨後的任何處決都會構成對生命的任意剝奪。最後，在土耳其判處阿卜杜拉・奧賈蘭（Abdullah Öcalan）死刑的案件中，歐洲人權法院認為，"由一個獨立性和公正性值得懷疑的法院"進行不公正審判後判處死刑所帶來的痛苦構成不人道待遇，因為訴訟程序伴隨著痛苦。

　　死刑相關的審判可能會引發另外的程序保護問題。最近，美國軍事委員會在關塔那摩審判死刑案件被告人的規則發生了變化。自 2009 年以來，此類案件中，被告人應盡可能有至少一名額外的代理律師，該律師應熟悉死刑案件的適用法律，也可以是由政府補貼的平民。此外，即使被告認罪，死刑判決也需要至少 9 名成員組成的陪審團的一致同意。這些規則適用於目前在關塔那摩受審的五名被告人，他們因策劃 2001 年 9 月 11 日的襲擊事件而受到審判（詳見圖 14）。

隨著 DNA 檢測和其他鑒定方法的科學進步，人們越來越相信，只有罪犯才會被執行死刑。這削弱了由於存在處決

圖 14　美國軍事委員會在關塔那摩灣海軍基地的 "九一一審判"，哈立德‧謝赫‧穆罕默德（Khalid Shaikh Mohammad）、瓦利德‧穆罕默德‧薩利赫‧穆巴拉克‧本‧阿塔什（Walid Muhammad Salih Mubarak bin Atash）、拉姆齊‧本‧阿爾‧希伯（Ramzi bin al Shibh）、阿里‧阿卜杜勒‧阿齊茲‧阿里（Ali Abdul Aziz Ali）、穆斯塔法‧艾哈邁德‧亞當‧哈薩維（Mustafa Ahmed Adam al Hawsawi）的正面由珍妮特‧哈姆林（Janet Hamlin）於 2014 年得到授權後進行了素描。

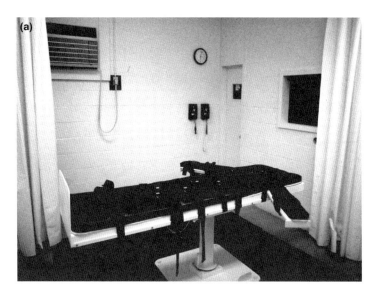

圖 15　圖 a 是現在美國使用的一間注射死刑室。圖 b 是 1937 年法國在凡爾賽的一個斷頭台上執行的最後一次公開處決。斷頭台於 1792 年作為一種人道的處決方式被引入法國，一直到 1977 年才被廢止。

無辜者的風險，而仍然不能接受死刑的論點的力量。當然，因為科學方法也能用來證明無辜者是如何被處決或即將被處決的，此類進步也可能強化反對死刑的理由。死刑具有殘酷性的觀點可以用新的"人道的"死刑方式予以反駁。但根本在於，人權原則要求我們認識到，如果被判刑者沒有對另一個人的生命造成緊迫威脅的話，死刑就是對生命權的不必要踐踏。

結束語

　　人權的內涵不再僅僅是通過訴諸理性和自然法來確定。在國家和國際層面，已經探討和通過了一些人權文書。從通過背景來看，這些文書具備一定的道德力量，而且因為得到了政府的採納而具有法律意義。威權主義、剝削和大屠殺與一個基於人權的未來承諾背道而馳。

　　但人權承諾在世界各地仍未實現。每天都有關於暴力虐待、不公正和剝奪基本生存權的報導。這使我們毫無疑問地認為，我們生活在一個侵犯人權行為無處不在的世界裏。人權報導揭露了最殘酷的事實，也充滿了沮喪，政府沒有履行它們的承諾，沒有採取措施保護人們免遭種族滅絕罪、戰爭罪、種族清洗以及反人類罪的傷害。人權外交政策在這些危機局勢中遠遠不能帶來有效的行動。

　　另一方面，我們已經討論過人權機構如何制定關於酷刑、生命權、拘留、表達自由、隱私、食物、教育、健康、住房、工作和不受歧視等相關的人權原則。許多話題被忽略或遺漏了。對和平的威脅、貧困、緊縮措施、環境退化、氣候變化的影響、土著人民的權利以及與難民和流離失所者的困境相關的人權主張應該由一本篇幅更長的書來討論。

本書的目的之一在於讓讀者明白，如何逐項考慮不同的人權，以便理解人權的範圍、實現人權的複雜性和特定背景下人權與其他權利的相互關係。人權語言和邏輯應該被視為在權利要求和相互抵消的利益之間進行探討的一個途徑；人權不是一本封閉的書，而是持續性對話的一部分。

要使人權真正站得住腳，就要充分理解人權，將其完全內化。這意味著不斷討論和發展人權原則，使其滿足人民的需求和期待。要增強人權的影響力，就要激發人們的想像，令人權恰如其分地成為他們的語言的一部分。人權話語有助於闡明這些需求。以人權語言表達衝突可以揭示相互競爭的利益關係，並啟迪人們找到化解緊張局勢的適當原則和方式。

然而，除非付出更多的努力來突破人權通常被賦予的有限涵義，否則人們可能認為人權風險是外來的、被強加的、別有用心的。那些堅持對人權進行狹義解釋的人一直試圖將人權限定在特定的歷史背景中，只強調政府不侵犯傳統自由的義務；廣義的人權視野則慮及數十億人面臨的飢餓、貧困和暴力問題。馬考‧穆圖阿（Makau Matua）在其 2002 年的著作《人權：一種政治文化批評》（*Human Rights: A Political and Cultural Critique*）中寫道：

從目前的發展狀況來看，人權運動終將失敗。因為它在非西方社會被視為一種外來的意識形態。除了那些浸透西方思想的虛偽精英外，人權運動並沒有在非西方國家的文化結構中產生深刻的共鳴。為了取得最終勝利，人權運動必須植根於所有民族的文化之中。

類似地，科斯塔斯・杜茲納（Costas Douzinas）在其2000年的著作《人權的終結：世紀之交的批判性法律思想》（*The End of Human Rights: Critical Legal Thought at the Turn of the Century*）中警告道：

> 但是還有一種人權理論，它全心全意地信任政府、國際機構、法官、其他公權力或私權力中心，以及社會早期的價值觀，從而忽視了人權存在的理由（raison d'être），即人權之所以存在正是為了保護人們不受這些機構或權力的迫害。

即使在人權運動已經試圖拓展人權保護範圍的情況下，如反對針對婦女的暴力運動，它們還是可能再次被視為是不完美的。一些批評家認為，人權組織可能更傾向於製造一種敘事，強化被外來文化壓迫的受害者的無助形象；反過來，這又可以說是以其他方式推行帝國主義。這些批判者認為，最大的挑戰在於理解這種不平等和暴力的起源，而不是簡單地將針對婦女的暴力行為歸類為一個人權問題（詳見專欄 40）。

拉特娜・卡普爾（Ratna Kapur），
色情正義：法律與後殖民主義的新政治
（*Erotic Justice: Law and the New Politics of Postcolonialism*）

女性在性暴力和男性物化方面的共同經歷，使女性之間的階級、文化、宗教和種族差異在性別範疇之下崩潰了。女性之間的差異被簡單地理解為文化上的差異，而沒有探究和闡明在西方和"其他國家"之間的殖民衝突中文化背景是如何形成和受到影響的。如果忽視這一點，會造成對女性受剝削和壓迫狀況的認知偏差，無法揭示種族、宗教和帝國主義野心對特定歷史背景下女性經歷的影響。

人權活動家意識到，堅持尊重人權不是改變世界的唯一方式。但是，人權有助於確保聽到更多不同的聲音和建議。今天，有一種明顯的趨勢，人權工作越來越"接地氣"或"親民"，不僅關注"執行標準"，而且注重創造一種人權文化，在這種文化中，尊重人類尊嚴的概念被內化。

值得注意的是，我們經常會聽到人權去"政治化"的呼籲，但是這毫無意義。人權具有政治性：它們規範社會中個人之間、群體之間的關係，以及個人、群體與他者之間的關係，特別是個人、群體與權力擁有者之間的關係，這是國家政治；各國在聯合國建立人權理事會，討論各自的人權記錄，這是國際政治。希望政府以某種方式擱置它們的經濟和外交利益，以實現對其他國家人權表現的客觀的"去政治化"評估，實際上是徒勞的。

個人和群體將繼續因人權語言和確保這些權利得到尊重的人權運動催生的團結友愛的社會框架而受到鼓舞。當這些主張被表述為人權訴求時，通常代表的是政治參與，而不是孤立的個人主義。此處的關鍵在於改變，包括改變對人權本身的構想。我們可以從本書中看到，從人權所需的發展要求和不斷變化的觀念著眼的話，人權保護是一個動態的過程。人權運動目前關注的是全球範圍內的社會正義。人權是充滿活力的，而不是一成不變的。

最後，讓我們看一下"人權"在文學作品中的表達方式。E. M. 福斯特（E. M. Forster）在他 1910 年的小說《霍華德莊園》（*Howards End*）中，用"人權"一詞強調未婚孕婦海倫・施萊蓋爾（Helen Schlegel）受到的社會不公正對待，以及另一個女主人公瑪格麗特和她姐姐海倫同仇敵愾的感受：

> 瑪格麗特的憤怒和恐懼與日俱增。這些男人怎麼敢給她妹妹貼標籤！多麼可怕的事兒擺在眼前！他們打著

科學的旗號，未免太無禮了！這群人開始攻擊海倫，要剝奪她的人權，瑪格麗特好像覺得所有施萊格爾家族的成員都因她受到了威脅。

　　該段內容表明，無論過去還是現在，僅僅是不公正感和友愛之情就會引發人們對人權的訴求。

參考文獻

第一章

1. Box 1: C. Grayling, 'We must seize power from Euro judges and return the phrase Human Rights to what it really should be—a symbol of the fight against oppression and brutality', *Daily Mail*, 3 October 2014; S. Marks, 'Backlash: The Undeclared War against Human Rights', *European Human Rights Law Review* (2014), 323-4

2. W. A. Edmundson, *An Introduction to Rights* (Cambridge: Cambridge University Press, 2004), 191

3. R. Falk, 'Rights', in *The Oxford Companion to Politics of the World*, 2nd edn, ed. J. Krieger (Oxford: Oxford University Press, 2001), 734-5

4. Magna Carta (1215)

5. English Bill of Rights (1689)

6. J. Locke, *The Second Treatise of Government*, 1690 (New York: Macmillan, 1986), paras 6–8, 13, 221-2

7. J.-J. Rousseau, *The Social Contract, or Principles of Political Right*, anon. tr. 1791 (New York: Hafner, 1947), chs VII and VIII

8. T. Paine, *Rights of Man*, 1791 (Harmondsworth: Penguin, 1969), 69, 70, 228

9. E. Burke, *Reflections on the Revolution in France*, ed. L. G. Mitchell (Oxford: Oxford University Press, 1993)

10. Box 2: M. Wollstonecraft, 'Dedication to Monsieur Talleyrand-Périgord', in *A Vindication of the Rights of Woman: With Strictures and Political and*

Moral Subjects (1792)

11. Box 3: K. Marx, *On the Jewish Question*, 1843, excerpted in M. R. Ishay (ed.), *The Human Rights Reader: Major Political Essays, Speeches, and Documents from the Bible to the Present* (London: Routledge, 1997), 196

12. J. Bentham, 'Anarchical Fallacies; being an examination of the Declaration of Rights issued during the French Revolution', Vol. 2, *The Works of Jeremy Bentham*, ed. J. Bowring (Edinburgh: William Tait, 1843)

13. A. Sen, *Development as Freedom* (New York: Knopf, 1999), 228-9

14. S. Howe, *Empire: A Very Short Introduction* (Oxford: Oxford University Press, 2002), 3

15. Box 4: Frédéric Mégret et al., *Human Dignity: A Special Focus on Vulnerable Groups* (Geneva: Geneva Academy, 2014), vii

16. A. Gewirth, 'Are There Any Absolute Rights?', in *Theories of Rights*, ed. J. Waldron (Oxford: Oxford University Press, 1984), 91–109, 108

17. J. Habermas, 'The Concept of Human Dignity and the Realistic Utopia of Human Rights', in *The Crisis of the European Union: A Response*, tr. C. Cronin (Cambridge: Polity, 2012), 81 and 95

18. C. McCrudden, 'Human Dignity and Judicial Interpretation of Human Rights', *European Journal of International Law* 19 (4) (2008), 724

19. *Vitner and Others v. United Kingdom ECHR* (life sentences), 9 July 2013, para 113

20. R. Rorty, 'Human Rights, Rationality, and Sentimentality', in *On Human Rights: The Oxford Amnesty Lectures*, ed. S. Shute and S. Hurley (Oxford: Oxford University Press, 1993), 118-19, 122

21. Box 5: M. Goodhart, 'Human Rights and the Politics of Contestation', in *Human Rights at the Crossroads*, ed. M. Goodale (Oxford: Oxford University Press, 2013), 33

22. D. Kennedy, *The Dark Sides of Virtue: Reassessing International Humanitarianism* (Princeton, NJ: Princeton University Press, 2004), 9

23. M. Kundera, *Immortality* (London: Faber and Faber, 1991), 150-4

24. Box 6: Complaint to the UK National Contact Point under the Specific Instance Procedure of the OECD Guidelines for Multinational Enterprises: G4S plc, 27 August 2014

第二章

1. Box 7: ILO Report Profits and Poverty: The Economics of Forced Labour (2014), 7 and 13

2. Box 8: UN Report A/68/256, 2 August 2013, para 29

3. Box 9: UN Report A/HRC/27/53, 22 July 2014, para 25

4. H. Lauterpacht, *An International Bill of the Rights of Man* (Oxford: Oxford University Press, 2013)

5. P. Alston, 'Conjuring Up New Human Rights: A Proposal for Quality Control', *American Journal of International Law* 78 (1984), 607-21

6. B. A. W. Simpson, *Human Rights and the End of Empire: Britain and the Genesis of the European Convention* (Oxford: Oxford University Press, 2004); and P. French, *Younghusband—The Last Great Imperial Adventurer* (London: Harper Perennial, 2004), 296

7. 'Final Act of the Havana Meeting of the American Institute of International Law', *American Journal of International Law*, Supplement: Official Documents 11 (2) (April 1917), 47-53

8. W. Wilson, 'Fourteen Points Speech', delivered in Joint Session, 8 January 1918

9. A. Cassese, *Human Rights in a Changing World* (Cambridge: Polity Press, 1990), 17–18. P. G. Lauren, *The Evolution of International Human Rights: Visions Seen* (Philadelphia: University of Pennsylvania Press, 1998), 135

10. N. Geras, *Crimes against Humanity: Birth of a Concept* (Manchester: Manchester University Press, 2011), 4

11. L. Sohn, 'How American International Lawyers Prepared for the San Francisco Bill of Rights', *American Journal of International Law* 89 (1995), 540, 543 (for details on Lapradelle), 'Déclaration des droits internationaux de l'homme', Resolution of the Institute of International Law (1927)

12. H. G. Wells, *The Rights of Man: or What Are We Fighting For?* (Harmondsworth: Penguin, 1940), 8-9, 11, 12, 31, 52

13. J. Dilloway, *Human Rights and World Order: Two Discourses for the H. G. Wells Society* (H. G. Wells Society, 1998). *The Declaration and Appendix to Wells's Phoenix: A Summary of the Inescapable Conditions of World Reorganisation* (London: Secker and Warburg, 1942) are both

reproduced in this publication

14. F. D. Roosevelt, State of the Union Address 1941 (known as the 'Four Freedoms Speech'), delivered 6 January 1941

15. *Trial of German Major War Criminals (Goering et al.)*, International Military Tribunal (Nuremberg) Judgement and Sentence, 30 September and 1 October 1946 (London: HMSO, Cmd 6964), 40, 41 (chapter 'Law of the Charter')

16. *Joint Declaration of France, Great Britain and Russia*, 24 May 1915

17. Box 11: R. Lemkin, 'Les actes constituant un danger général (interétatique) considérés comme délits dedroit des gens', Conference for the Unification of Penal Law, Madrid, 14-20 October 1933 (Pedone, Paris, 1934) [English insert attached to offprint in Geneva Library]

18. Box 12: *Prosecutor v. Radislav Krstić*, Case IT-98–33-A, ICTY (Appeals Chamber), 19 April 2004

19. Box 13: Rome Statute of the International Criminal Court (1998)

20. Box 14: World Summit Outcome 2005, para 120

21. A. A. An-Na'im, 'Problems of Universal Cultural Legitimacy for Human Rights', in *Human Rights in Africa: Cross-Cultural Perspectives*, ed. A. A. An-Na'im and F. M. Deng (Washington, DC: Brookings Institute, 1990); and A. A. An-Na'im, 'Toward a Cross-Cultural Approach to Defining International Standards of Human Rights: The Meaning of Cruel, Inhuman or Degrading Treatment or Punishment', in *Human Rights in Cross-Cultural Perspective*, ed. A. An-Na'im (Philadelphia: University of Pennsylvania Press, 1992), 20-1

22. B. Clifford, 'Introduction: Fighting for New Rights', in *The International Struggle for New Human Rights*, ed. C. Bob (Philadelphia: University of Pennsylvania Press, 2009), 1-13 at 4

23. *Evans v. United Kingdom*, Judgment of the European Court of Human Rights, 7 March 2006, paras 46, 62, and 68

第三章

1. Box 15: P. Sieghart, *The Lawful Rights of Mankind: An Introduction to the International Legal Code of Human Rights* (Oxford: Oxford University Press, 1986), vii

2. Box 16: S. Moyn, *The Last Utopia: Human Rights in History* (Boston, MA: Harvard University Press, 2010), 8

3. Box 17: Amnesty International, *Beginner's Guide to the Arms Trade Treaty*, September 2014

4. Box 18: 'Foreign Funding of NGOs', *The Economist*, 13 September 2014

5. Box 19: Thematic UN special procedures

6. Report of the Commission on Human Rights (nuclear Commission), 21 May 1946, E/38/Rev.1

7. M. A. Glendon, *A World Made New: Eleanor Roosevelt and the Universal Declaration of Human Rights* (New York: Random House, 2002), 113 and 170

8. Human Rights Council established by General Assembly Resolution A/RES/60/251 of 15 March 2006

9. Box 20: Human Rights Council Resolution A/HRC/RES/S-22/1

10. Box 21: UPR Info, 'Beyond Promises: The Impact of the UPR on the Ground' (2014), 5 and 14

11. Human Rights Council Resolution on Sri Lanka, 11th Special Session, 2009

12. W. Kälin, 'Ritual and Ritualism at the Universal Periodic Review: A Preliminary Appraisal', in *Human Rights and the Universal Periodic Review: Rituals and Ritualism*, ed. H. Charlesworth and E. Larking (Cambridge: Cambridge University Press, 2014) 25-41 at 31-2

13. Statement of Mary Robinson, UN High Commissioner for Human Rights, on Situation in Chechnya, Russian Federation, 16 November 1999

14. *New York Times*, 'In Tour of Africa, US Pulls its Punches on Human Rights' (15 December 1997), 10

15. Special Procedures: Facts and Figures 2013

第四章

1. Convention Against Torture and Other Cruel, Inhuman or Degrading Treatment or Punishment, entered into force 26 June 1987

2. Box 22: 'Opinion of Lord Hope of Craighead', in *A and Others v. Secretary of State for the Home Department* [2005] UKHL 71, para 103

3. J. S. Bybee, Assistant Attorney-General, Memorandum for Alberto R. Gonzales, Counsel to the President, Re: Standards of Conduct for Interrogation under 18 U.S.C. §§2340-2340A, 1 August 2002

4. J. Yoo, Deputy Assistant Attorney-General, Memorandum for W. J. Haynes II, Re: Military Interrogation of Alien Unlawful Combatants Held Outside the United States, 14 March 2003

5. Senate Select Committee on Intelligence, *Study on the CIA Detention and Interrogation Program, Executive Summary and Conclusions, declassified revisions* 3 December 2014

6. Box 23: Guidance on Interviewing Detainees and the Passing and Receipt of Information 2010

7. G. J. Tenet, P. J. Goss, M. V. Hayden, J. E. McLaughlin, and A. M. Calland, 'Ex-CIA Directors: Interrogations Saved Lives', *Wall Street Journal* (10 December 2014)

8. *Public Committee Against Torture in Israel and Others v. State of Israel and Others*, Israel Supreme Court, 6 September 1999

9. Box 24: F. Jessberger, 'Bad Torture—Good Torture? What International Criminal Lawyers May Learn from the Recent Trial of Police Officers in Germany', *Journal of International Criminal Justice* 3 (2005) 1059-73

10. S. Lukes, 'Liberal Democratic Torture', *British Journal of Political Science* 36 (2005), 13

11. Box 25: 'Opinion of Lord Rodger of Earlsferry', in *A and Others [No. 2] v. Secretary of State for the Home Department* [2005] UKHL 71, para 132

12. Box 26: *Gäfgen v. Germany*, European Court of Human Rights, Judgment of 1 June 2010, para 187

13. Box 27: *Gäfgen v. Germany*, Judgment of 1 June 2010, Joint Partly Dissenting Opinion of Judges Rozakis, Tulkens, Jebens, Ziemele, Bianku, and Power, para 9

14. *Agiza v. Sweden*, Communication No. 233/2003, UN Doc. CAT/C/34/D/233/2003 (2005)

15. 'On Terrorists and Torturers'—Statement by UN High Commissioner for Human Rights, Louise Arbour (7 December 2005)

第五章

1. Basic Principles on the Use of Force and Firearms by Law Enforcement Officials, Adopted by the Eighth United Nations Congress on the Prevention of Crime and the Treatment of Offenders, Havana, Cuba, 27 August to 7 September 1990

2. Box 28: 'White House Fact Sheet: Standards and Procedures for the Use of Force in Counterterrorism Operations Outside the United States and Areas of Active Hostilities', 23 May 2013; Lawfulness of a Lethal Operation Directed Against a U.S. Citizen Who Is a Senior Operational Leader of Al-Qa'ida or An Associated Force. <http://www.cfr.org/terrorism-and-the-law/department-justice-memo-lawfulness-lethal-operation-directed-against-us-citizen-senior-operational-leader-al-qaida-associated- force/p29925>

3. P. Alston, Report of the Special Rapporteur on Extrajudicial, Summary or Arbitrary Executions, 2010, para 33

4. Box 29: Rule 1: 'Principles of International Law on the Use of Force by States in Self-Defence', Chatham House (2005), at principle 5; Rules 2 and 3: 'ICRC Study on Customary International Humanitarian Law' (2005), at Rules 10 and 14

5. P. Benenson, 'The Forgotten Prisoners', *The Observer Weekend Review* (28 May 1961), 21

6. *Al-Nashiri v. Poland* [2014] European Court of Human Rights, Judgment of 24 July 2014, para 530

7. Box 30: *El-Masri v. The former Yugoslav Republic of Macedonia* [2012] European Court of Human Rights, Judgment of 13 December 2012, paras 205 and 211

8. International Centre for Prison Studies, *World Prison Population Lists*, 10th edn

9. D. Kretzmer, 'Targeted Killing of Suspected Terrorists: Extra-Judicial Executions or Legitimate Means of Defence?', *European Journal of International Law* 16 (2005), 171-212

10. P. Halliday, *Habeas Corpus from England to Empire* (Cambridge, MA: Harvard University Press, 2010)

第六章

1. N. Mahfous, *Al-Ahram* (2 March 1989)

2. Box 31: 'Should Hate Speech be a Crime?', *New Internationalist* (December 2012), 28-9

3. Report to the UN General Assembly 2014, A/69/397, paras 6 and 57

4. H. Charlesworth, C. Chinkin, and S. Wright, 'Feminist Approaches to International Law', *American Journal of International Law* 85 (4) (1991), 613-45

5. *Hatton and Others v. United Kingdom* [2003] European Court of Human Rights Judgment of 8 July 2003, 41

6. Box 32: *Ruusunen v. Finland* European Court of Human Rights Judgment of 14 January 2014, para 41-3

7. *Google Spain Case* ECJ, 13 May 2014, C-131/12, para 81

8. *The Economist*, 'The Right to be Forgotten' (4 October 2014), 61.

第七章

1. Box 33: *The Economist*, 'Stand Up for your Rights' (24 March 2007)

2. Box 34: C. R. Beitz, *The Idea of Human Rights* (Oxford: Oxford University Press, 2009), 30-1

3. *Soobramoney v. Minister of Health*, Republic of South Africa Constitutional Court, Case CCT 32/97, 27 November 1997

4. Box 35: C. Gearty and V. Mantouvalou, *Debating Social Rights* (Oxford: Hart, 2011), 59

5. Kamayani Bali Mahabal, 'Enforcing the Right to Food in India—The Impact of Social Activism', *ESR Review* (March 2004)

6. UN Committee on Economic, Social and Cultural Rights, *General Comment 13 on the Right to Education*, 8 December 1999

7. Annual Reports of the UN Special Rapporteur on the Right to Education

8. *Campbell and Cosans v. The United Kingdom* ECtHR, Judgment of 25 February 1982

9. Committee on Economic, Social and Cultural Rights, *General Comment 14 on the Right to the Highest Attainable Standard of Health*, 11 August 2000

10. Decision of the General Council of the WTO on Implementation of paragraph 6 of the Doha Declaration on the TRIPS Agreement and Public Health, WT/L/540 and Corr.1, 1 September 2003

11. S. Leckie, 'The Right to Housing', in *Economic, Social and Cultural Rights: A Textbook*, 2nd edn, ed. A. Eide, C. Krause, and A. Rosas (The Hague: Nijhoff, 2001), 150

12. Committee on Economic, Social and Cultural Rights, General Comment No. 4 on the Right to Adequate Housing, 13 December 1991

13. Committee on Economic, Social and Cultural Rights, General Comment No. 7 on the Right to Adequate Housing: Forced Evictions, 20 May 1997

14. A. Eide, 'Adequate Standard of Living', in *International Human Rights Law*, 2nd edn, ed. S. Shah, S. Sivakumaran, and D. Harris (Oxford: Oxford University Press, 2014), 204

15. OECD, Guidelines for Aid Agencies on Involuntary Displacement and Resettlement in Development Projects, Paris 1992

16. World Bank Operational Policy 4.12: Involuntary Resettlement, December 2001

17. *Narmada Bachao Andolan v. Union of India* AIR (2000) SC 3751, at 3827

18. *Ogiek Community Order*, African Court of Human and Peoples' Rights, 15 March 2013

19. ILO Declaration on Fundamental Principles and Rights at Work, 86th Session, Geneva, June 1998

20. J. G. Ruggie, *Just Business: Multinational Corporations and Human Rights* (New York: W.W. Norton, 2013), xx-xxi

21. Committee on Economic, Social and Cultural Rights, General Comment No. 18 on the Right to Work, 6 February 2006

第八章

1. Human Rights Committee, General Comment 18 on Non-Discrimination, 10 November 1989

2. *John K. Love et al. V. Australia*, Human Rights Committee, Communication No. 983/2001 U.N. Doc. CCPR/C/77/D/983/2001 (2003)

3. *Minister of Home Affairs v. Fourie*, South African Constitutional Court (2005), para 60, *The Economist*, 'The Spread of Gay Rights', 19 October 2013

4. *Eweida and others v. UK* [2013] ECtHR 37, Judgment of 15 January 2013

5. *Christian Legal Society v. Martinez*, 561 U.S. 661 (2010), Judgment of 28 June 2010. *Bull v. Hall* [2013] UKSC 73, para 48

6. Box 36: Human Dignity Trust (2014)

7. Committee on the Elimination of Racial Discrimination, General Recommendation 30 on Discrimination against Non-Citizens, 2004, para 35

8. Protocol to Prevent, Suppress and Punish Trafficking in Persons, Especially Women and Children, supplementing the United Nations Convention against Transnational Organized Crime, 2000

9. Secretary-General's Report on Conflict-Related Sexual Violence, 13 March 2014, S/2014/181

10. Box 37: Amnesty International, *It's in Our Hands: Stop Violence against Women*, 2004, AI Index: ACT 77/001/2004, 11-12

11. Box 38: UN Convention on the Rights of Persons with Disabilities (2006) Articles 5(2), 2, 5(3), 3, 12(2)(3)

12. G. Quinn and C. O'Mahony, 'Disability and Human Rights: A New Field in the United Nations', in *International Protection of Human Rights: A Textbook*, 2nd edn, ed. C. Krause and M. Scheinin (Turku: Abo Akademi Institute for Human Rights, 2012), 265-6

第九章

1. Box 39: Amnesty International, *Facts and Figures on the Death Penalty 2014*, 3, 6, 7, 8, 64
2. Report of the Special Rapporteur on extrajudicial, summary or arbitrary executions, Philip Alston, A/HRC/4/20, 29 January 2007, paras 39-53
3. *The State v. Makwanyane and Mchunu*, Constitutional Court of the Republic of South Africa, Case No. CCT/3/94, 6 June 1995
4. *Atkins v. Virginia* 526 U.S. 304 (2002)
5. *Roper v. Simmons* 543 U.S. 551 (2005)
6. *Soering v. United Kingdom* [1989], ECtHR Judgment of 7 July 1989, 14
7. *Öcalan v. Turkey* [2005] ECtHR, Judgment of 12 May 2005, para 175
8. Military Commissions Act 2009, 10 US Code §949 a and m
9. Commission Implementing Regulation (EU) No 1352/2011 of 20 December 2011 amending Council Regulation (EC) No 1236/2005 concerning trade in certain goods which could be used for capital punishment, torture or other cruel, inhuman or degrading treatment or punishment

結束語

1. M. Mutua, *Human Rights: A Political and Cultural Critique* (Philadelphia, PA: Philadelphia University Press, 2002), 14. C. Douzinas, *The End of Human Rights: Critical Legal Thought at the Turn of the Century* (Oxford: Hart, 2000), 12
2. Box 40: R. Kapur, *Erotic Justice: Law and the New Politics of Postcolonialism* (London: Glass House Press, 2005), 104
3. E. M. Forster, *Howards End*, 1910 (Harmondsworth: Penguin, 1989), 282

延伸閱讀

本書的配套網站請掃右側二維碼。在該網站，你將會找到一些本書提及的文本的鏈接以及一些有用的人權網站的鏈結。

下列書籍提供了對人權世界的獨特理解。尋找其他簡短介紹的人可能會考慮 O. 鮑爾（O. Ball）和格雷迪・保羅（Grady Paul）的《簡明人權手冊》（*The No-Nonsense Guide to Human Rights*, Oxford: New Internationalist, 2006）。有關任何特定主題的簡短介紹，請參閱 D. 福賽思（D. Forsythe）主編的《人權百科全書》（*Encyclopedia of Human Rights*, 5 volumes, New York: Oxford University Press, 2009）。有關基本理論與原則的學術論文，請參閱 D. 謝爾敦（D. Shelton）主編的《牛津國際人權法手冊》（*The Oxford Handbook of International Human Rights Law*, Oxford: Oxford University Press, 2013）。

理解人權的方式

M. J. 佩里（M. J. Perry）的《人權的理念四問》（*The Idea of Human Rights: Four Inquiries*, Oxford: Oxford University Press, 1998）是一套短文集，探究了人權是否具有不可消除的宗教性、未決性、普遍性和絕對性。另外，J. 格里芬（J. Griffin）的《論人

權》（*On Human Rights*, Oxford: Oxford University Press, 2008）試圖在有限的"人格"概念或人類"法律地位"需要的基礎上，從倫理上確定人權是什麼的實質解釋；C. R. 貝蒂斯（C. R. Betiz）在《人權理念》（*The Idea of Human Rights*, Oxford: Oxford University Press, 2009）中主張將人權理解為"新興全球實踐的構成規範"。關於尊嚴的非常有思想深度的當代論文請參閱 C. 麥克魯登（C. McCrudden）主編的《理解人類尊嚴》（*Understanding Human Dignity,* Oxford: Oxford University Press, 2013）。

對歷史學家解釋人權概念緣起的方法的批判性思考，可以看看美國 S. 莫恩（S. Moyn）的《最後的烏托邦：歷史中的人權》（*The Last Utopia: Human Rights in History*, Cambridge, MA: Belknap Harvard, 2010）和《人權與歷史的作用》（*Human Rights and the Uses of History*, London: Verso, 2014）。他拒絕接受很多解釋，要求我們以現在理解人權的方式看待人權，認為人權在 1977 年被卡特（Carter）總統採納後才具有重要意義。林恩·亨特（Lynn Hunt）的《發明人權的歷史》（*Inventing Human Rights: A History,* New York: Norton, 2007）聚焦於 18 世紀，關注小說在引發同理心方面的作用。米什琳·艾莎（Micheline Ishay）的《人權的歷史：從遠古到全球化時代》（*The History of Human Rights: From Ancient Times to the Globalization Era*, Berkeley: University of California Press, 2004）認為宗教包含著預示現代人權概念的人文主義因素，強調宗教對人權演進的積極貢獻。她還通過各種宗教文本和其他文本追溯了權利思想的前身，包括巴比倫的《漢謨拉比法典》、《希伯來聖經》（*Hebrew Bible*）、《新約》（*New Testament*）和《可蘭經》，並研究了儒家思想、印度教思想和佛教思想。艾莎指出了 19 世紀工業化背景下誕生的社會主義思潮的貢獻。關於近期人權史學和人權譜系辯論的非常有用的分析，請參考 P. 阿爾斯通（P. Alston）的《過去重要嗎：論人權的起源》一文（P. Alston, 'Does the Past

Matter? On the Origins of Human Rights', *Harvard Law Review* 126 (2013) 2043-81）。

R. 古德曼（R. Goodman）、D. 金克斯（D. Jinks）和 A. K. 伍茲（A. K. Woods）主編的《理解社會行動，促進人權》（*Understanding Social Action, Promoting Human Rights*, Oxford: Oxford University Press, 2012）匯總並批判了關於規範創制、擴散和制度化的新的實證研究。

關於對人權運動和國際人權法發展做出貢獻的人物和思想的熱情歷史概述，請參閱保羅・勞倫（Paul Lauren）的《國際人權的演進：看到的願景》，（*The Evolution of International Human Rights: Visions Seen*, 3rd edn, Philadelphia, PA: University of Pennsylvania Press, 2011）；關於非政府組織作用的思考，尤其是人權觀察，請參閱 A. 尼爾（A. Neier）的《國際人權運動的歷史》（*International Human Rights Movement: A History,* Princeton, NJ: Princeton University Press, 2013）和 J. 貝克爾（J. Becker）的《為正義而鬥爭：擁護人權的實踐》（*Campaigning for Justice: Human Rights Advocacy in Practice*, Stanford: Stanford University Press, 2013）。

人權保護

亞當・霍克希爾德（Adam Hoschschild）的《利奧波德國王的陰魂：一個關於貪婪、恐懼和英雄主義的故事》（*King Leopold's Ghost: A Story of Greed, Terror, and Heroism*, Boston: Houghton Miffin, 1998）對殖民統治的洞察抓人眼球，觸目驚心，其中一章與喬治・華盛頓・威廉姆斯有關（第二章提到他使用了"危害人類罪"一詞）。薩曼莎・鮑爾（Samantha Power）屢獲殊榮的《"來自地獄的問題"：美國和滅絕種族時代》（*"A Problem from Hell": America and the Age of Genocide*, New York: Harper Collins, 2003）一書講述了拉斐爾・萊姆金（Raphael Lemkin）如何創造了滅絕

種族（genocide）概念，以及 20 世紀美國政治家處理滅絕種族時是如何失敗的。鮑爾的書觸及了美國外交政策問題的核心，並提出了更大的問題。用她的話說："我們都是滅絕種族的旁觀者。關鍵問題是為什麼。" K. 西金克（K. Sikkink）的《正義之梯：人權訴訟如何改變國際政治》（*The Justice Cascade: How Human Rights Prosecutions are Changing World Politics*, New York: Norton, 2011）詳細描述了在國內對侵犯人權行為進行刑事起訴的作用。

T. 里塞（T. Risse）、S. C. 羅普（S. C. Ropp）和 K. 西金克（K. Sikkink）主編的《人權的永恆力量：從承諾到遵守》（*The Persistent Power of Human Rights: From Commitment to Compliance*, Cambridge: Cambridge University Press, 2013）載有關於哪些機制能夠最有效地確保遵守人權規範的研究。該書不僅關注國家，還包括跨國公司、反叛團體甚至家庭（以女性生殖器切割為例）遵守人權規範的情況。

外交政策與國際關係

從政治學角度對國際關係中的人權進行有益介紹的是大衛·福賽斯（David Forsythe）的《國際關係中的人權》（*Human Rights in International Relations*, 3rd edn, Cambridge: Cambridge University Press, 2012）。

內部人士對建立國際刑事法庭的需求的描述，可參閱 D. 謝弗（D. Scheffer）的《所有失蹤的靈魂：戰爭罪法庭的個人歷史》（*All the Missing Souls: A Personal History of the War Crimes Tribunals*, Oxford: Princeton University Press, 2012）。國際刑事法庭相關的啟發性論文參閱 W. 沙巴斯（W. Schabas）的《難以想像的暴行：正義、政治、權利和戰爭罪法庭》（*Unimaginable Atrocities: Justice, Politics, and Rights and the War Crimes Tribunals*, Oxford: Oxford University Press, 2012）。格里·辛普森（Gerry Simpson）

的《法律、戰爭與犯罪：戰爭罪審判與國際法重塑》（*Law, War and Crime: War Crimes Trials and the Reinvention of International Law,* Cambridge: Polity, 2008）列出了思考戰爭罪相關的法律和政治問題的不同方式，揭示了各種眾所周知的戰爭罪審判相關的政治問題。

羅莎・菲德曼（Rosa Feedman）這本十分精彩的《保護的失敗：聯合國與人權政治化》（*Failing to Protect: the UN and the Politicisation of Human Rights,* London: Hurst, 2014）提供了她關於人權理事會運作的個人觀點，強調了一些國家如何利用自己的權力逃避聯合國人權理事會的批評。她對世界人權法院的想法持懷疑態度，建議加強區域組織及區域法院。建立世界人權法院的提議細節參閱人類尊嚴專家組（Panel on Human Dignity）2011年報告——《保護人類尊嚴：一項人權議程》（*Protecting Human Dignity: An Agenda for Human Rights*）——中的評論和總章程。

本書涉及的特定主題

菲力浦・桑斯（Philippe Sands）的《酷刑團隊》（*Torture Team,* Allen Lane: London, 2008）一書揭示了律師如何為導致美國特工在"九一一"襲擊後實施酷刑和虐待的決策辯護。這本書易於閱讀，包含了對重要人物的第一手採訪，並提出了我們應該對律師抱有什麼期待的問題。關於無人機襲擊的各種道德和法律觀點，參閱 C. 芬克爾施（C. Finkelstein）、J. D. 奧林（J. D. Ohlin）和 A. A. 奧特曼（A. A. Altman）主編的《定點清除：不平等世界中的法律與道德》（*Targeted Killings: Law and Morality in an Asymmetrical World,* Oxford: Oxford University Press, 2012）。關於關塔那摩灣軍事委員會建立及運作的政治問題的可讀性介紹，參閱 J. 布拉文（J. Bravin）的《恐怖的法庭：關塔那摩灣的粗暴審判》（*The Terror Courts: Rough Justice at Guantanamo Bay,* New Haven: Yale

University Press, 2013），關於拘留問題的完整概述，參閱 N. S. 羅德利（N. S. Rodley）和 M. 波拉德（M. Pollard）的《國際法規定的囚犯待遇》（*The Treatment of Prisoners under International Law*, 3rd edn, Oxford: Oxford University Press, 2009）。

關於隱私的最新資訊可以在 R. 瓦克斯（R. Wacks）的《隱私簡論》（*Privacy: A Very Short Introduction*, 2nd edn, Oxford: Oxford University Press, 2015）一書中找到。

關於印度、南非和加拿大等司法管轄區的法院如何落實健康權和住房權的專家分析，參閱《法官對於落實經濟、社會和文化權利的作用》（*The Role of Judges in Implementing Economic, Social and Cultural Rights*, edited by Yash Ghai and Jill Cottrell, London: Interights, 2004）；關於國際層面的當代發展，參閱 E. 里德爾（E. Riedel）、G. 賈卡（G. Giacca）和 C. 戈利（C. Golay）主編的《國際法中的經濟、社會和文化權利》（*Economic, Social and Cultural Rights in International Law*, Oxford: Oxford University Press, 2014）。

對本書中未涉及問題的高水準討論參閱：S. 韓弗理斯（S. Humphreys）主編的《人權與氣候變化》（*Human Rights and Climate Change*, Cambridge: Cambridge University Press, 2010）；T. 波格（T. Pogge）的《全球貧困與人權》（*World Poverty and Human Rights*, 2nd edn, Cambridge: Polity, 2008）；S. J. 安納亞（S. J. Anaya）的《國際人權與土著人民》（*International Human Rights and Indigenous Peoples*, New York: Aspen, 2009）。

關於本書所討論的權利的進一步探討，可以在蘇珊·馬克斯（Susan Marks）和安德魯·克拉彭（Andrew Clapham）的《國際人權詞典》（*International Human Rights Lexicon*, Oxford: Oxford University Press, 2005）中按 A 到 Z 的格式查找。

以拘留期間侵犯人權的行為為開篇的劇目包括大衛·愛德

格（David Edgar）的《阿爾比・薩克斯的監獄日記》（*The Jail Diary of Albie Sachs,* 1981）和阿瑞爾・多夫曼（Ariel Dorfman）的《死亡與少女》（*Death and the Maiden,* 1991），而喬治・布蘭特（George Brant）最近的戲劇《地面》（*Grounded,* 2012）則思考了無人機操作員的作用。佩尼・沃克科（Penny Woolcock）的廣播劇《沉默的契約》（*A Pact of Silence,* 2015）對阿根廷失蹤兒童的困境進行了戲劇化演繹。我們可能會提到特里・喬治（Terry George）執導的《盧旺達飯店》（*Hotel Rwanda,* 2004）、彼得・薩特勒（Peter Sattler）執導的《X 射線營地》（*Camp X Ray,* 2014），以及安德魯・尼科爾（Andrew Niccol）執導的《善意殺戮》（*Good Kill,* 2015）。

附錄
《世界人權宣言》

序言

　　鑒於對人類家庭所有成員的固有尊嚴及其平等的和不移的權利的承認，乃是世界自由、正義與和平的基礎，

　　鑒於對人權的無視和侮衊已發展為野蠻暴行，這些暴行玷污了人類的良心，而一個人人享有言論和信仰自由並免予恐懼和匱乏的世界的來臨，已被宣佈為普通人民的最高願望，

　　鑒於為使人類不致迫不得已鋌而走險對暴政和壓迫進行反叛，有必要使人權受法治的保護，

　　鑒於有必要促進各國間友好關係的發展，

　　鑒於各聯合國國家的人民已在聯合國憲章中重申他們對基本人權、人格尊嚴和價值以及男女平等權利的信念，並決心促成較大自由中的社會進步和生活水準的改善，

　　鑒於各會員國業已誓願同聯合國合作以促進對人權和基本自由的普遍尊重和遵行，

　　鑒於對這些權利和自由的普遍了解對於這個誓願的充分實現具有很大的重要性，

　　因此現在，大會，發佈這一世界人權宣言，作為所有人民和所

有國家努力實現的共同標準，以期每一個人和社會機構經常銘念本宣言，努力通過教誨和教育促進對權利和自由的尊重，並通過國家的和國際的漸進措施，使這些權利和自由在各會員國本身人民及在其管轄下領土的人民中得到普遍和有效的承認和遵行；

第一條

人人生而自由，在尊嚴和權利上一律平等。他們賦有理性和良心，並應以兄弟關係的精神相對待。

第二條

人人有資格享有本宣言所載的一切權利和自由，不分種族、膚色、性別、語言、宗教、政治或其他見解、國籍或社會出身、財產、出生或其他身份等任何區別。

並且不得因一人所屬的國家或領土的政治的、行政的或者國際的地位之不同而有所區別，無論該領土是獨立領土、託管領土、非自治領土或者處於其他任何主權受限制的情況之下。

第三條

人人有權享有生命、自由和人身安全。

第四條

任何人不得使為奴隸或奴役；一切形式的奴隸制度和奴隸買賣，均應予以禁止。

第五條

任何人不得加以酷刑，或施以殘忍的、不人道的或侮辱性的待遇或刑罰。

第六條

人人在任何地方有權被承認在法律前的人格。

第七條

法律之前人人平等，並有權享受法律的平等保護，不受任何歧視。人人有權享受平等保護，以免受違反本宣言的任何歧視行為以及煽動這種歧視的任何行為之害。

第八條

任何人當憲法或法律所賦予他的基本權利遭受侵害時，有權由合格的國家法庭對這種侵害行為作有效的補救。

第九條

任何人不得加以任意逮捕、拘禁或放逐。

第十條

人人完全平等地有權由一個獨立而無偏倚的法庭進行公正的和公開的審訊，以確定他的權利和義務並判定對他提出的任何刑事指控。

第十一條

（一）凡受刑事控告者，在未經獲得辯護上所需的一切保證的公開審判而依法證實有罪以前，有權被視為無罪。

（二）任何人的任何行為或不行為，在其發生時依國家法或國際法均不構成刑事罪者，不得被判為犯有刑事罪。刑罰不得重於犯罪時適用的法律規定。

第十二條

任何人的私生活、家庭、住宅和通信不得任意干涉，他的榮譽和名譽不得加以攻擊。人人有權享受法律保護，以免受這種干涉或攻擊。

第十三條

（一）人人在各國境內有權自由遷徙和居住。

（二）人人有權離開任何國家，包括其本國在內，並有權返回他的國家。

第十四條

（一）人人有權在其他國家尋求和享受庇護以避免迫害。

（二）在真正由於非政治性的罪行或違背聯合國的宗旨和原則的行為而被起訴的情況下，不得援用此種權利。

第十五條

（一）人人有權享有國籍。

（二）任何人的國籍不得任意剝奪，亦不得否認其改變國籍的權利。

第十六條

（一）成年男女，不受種族、國籍或宗教的任何限制有權婚嫁和成立家庭。他們在婚姻方面，在結婚期間和在解除婚約時，應有平等的權利。

（二）只有經男女雙方的自由和完全的同意，才能締婚。

（三）家庭是天然的和基本的社會單元，並應受社會和國家的保護。

第十七條

（一）人人得有單獨的財產所有權以及同他人合有的所有權。

（二）任何人的財產不得任意剝奪。

第十八條

人人有思想、良心和宗教自由的權利；此項權利包括改變他的宗教或信仰的自由，以及單獨或集體、公開或秘密地以教義、實踐、禮拜和戒律表示他的宗教或信仰的自由。

第十九條

人人有權享有主張和發表意見的自由；此項權利包括持有主張而不受干涉的自由，和通過任何媒介和不論國界尋求、接受和傳遞消息和思想的自由。

第二十條

（一）人人有權享有和平集會和結社的自由。

（二）任何人不得迫使隸屬於某一團體。

第二十一條

（一）人人有直接或通過自由選擇的代表參與治理本國的權利。

（二）人人有平等機會參加本國公務的權利。

（三）人民的意志是政府權力的基礎；這一意志應以定期的和真正的選舉予以表現，而選舉應依據普遍和平等的投票權，並以不記名投票或相當的自由投票程序進行。

第二十二條

每個人，作為社會的一員，有權享受社會保障，並有權享受他的個人尊嚴和人格的自由發展所必需的經濟、社會和文化方面各種權利的實現，這種實現是通過國家努力和國際合作並依照各國的組織和資源情況。

第二十三條

（一）人人有權工作、自由選擇職業、享受公正和合適的工作條件並享受免於失業的保障。

（二）人人有同工同酬的權利，不受任何歧視。

（三）每一個工作的人，有權享受公正和合適的報酬，保證使他本人和家屬有一個符合人的生活條件，必要時並輔以其他方式的社會保障。

（四）人人有為維護其利益而組織和參加工會的權利。

第二十四條

人人有享有休息和閒暇的權利，包括工作時間有合理限制和定期給薪休假的權利。

第二十五條

（一）人人有權享受為維持他本人和家屬的健康和福利所需的生活水準，包括食物、衣著、住房、醫療和必要的社會服務；在遭到失業、疾病、殘廢、守寡、衰老或在其他不能控制的情況下喪失謀生能力時，有權享受保障。

（二）母親和兒童有權享受特別照顧和協助。一切兒童，無論婚生或非婚生，都應享受同樣的社會保護。

第二十六條

（一）人人都有受教育的權利，教育應當免費，至少在初級和基本階段應如此。初級教育應屬義務性質。技術和職業教育應普遍設立。高等教育應根據成績而對一切人平等開放。

（二）教育的目的在於充分發展人的個性並加強對人權和基本自由的尊重。教育應促進各國、各種族或各宗教集團間的了解、容忍和友誼，並應促進聯合國維護和平的各項活動。

（三）父母對其子女所應受的教育的種類，有優先選擇的權利。

第二十七條

（一）人人有權自由參加社會的文化生活，享受藝術，並分享科學進步及其產生的福利。

（二）人人對由於他所創作的任何科學、文學或美術作品而產生的精神的和物質的利益，有享受保護的權利。

第二十八條

人人有權要求一種社會的和國際的秩序，在這種秩序中，本宣言所載的權利和自由能獲得充分實現。

第二十九條

（一）人人對社會負有義務，因為只有在社會中他的個性才可能得到自由和充分的發展。

（二）人人在行使他的權利和自由時，只受法律所確定的限制，確定此種限制的唯一目的在於保證對旁人的權利和自由給予應有的承認和尊重，並在一個民主的社會中適應道德、公共秩序和普遍福利的正當需要。

（三）這些權利和自由的行使，無論在任何情形下均不得違背聯合國的宗旨和原則。

第三十條

本宣言的任何條文，不得解釋為默許任何國家、集團或個人有權進行任何旨在破壞本宣言所載的任何權利和自由的活動或行為。

策劃編輯	蘇健偉	
責任編輯	袁嘉俊	
書籍設計	道　轍	
書籍排版	何秋雲	

書　名　人權簡論（第二版）

著　者　[英] 安德魯·克拉彭（Andrew Clapham）

譯　者　張偉　李冰清

出　版　三聯書店（香港）有限公司
　　　　香港北角英皇道 499 號北角工業大廈 20 樓
　　　　Joint Publishing (H.K.) Co., Ltd.
　　　　20/F., North Point Industrial Building,
　　　　499 King's Road, North Point, Hong Kong

香港發行　香港聯合書刊物流有限公司
　　　　香港新界荃灣德士古道 220-248 號 16 樓

印　刷　美雅印刷製本有限公司
　　　　香港九龍觀塘榮業街 6 號 4 樓 A 室

版　次　2024 年 7 月香港第 1 版第 1 次印刷

規　格　大 32 開（140 mm × 210 mm）216 面

國際書號　ISBN 978-962-04-5526-1